昆山经济技术开发区高级中学校本教材

昆曲新编

Kunqu Xinbian

王关义 著

丛书主编 邬金福

苏州大学出版社
Soochow University Press

图书在版编目(CIP)数据

昆曲新编 / 王关义著. —苏州：苏州大学出版社，2018.6

昆山经济技术开发区高级中学校本教材 / 邬金福主编

ISBN 978-7-5672-2231-1

Ⅰ.①昆… Ⅱ.①王… Ⅲ.①昆曲—艺术—高中—教材 Ⅳ.①G634.951.1

中国版本图书馆 CIP 数据核字(2018)第 106162 号

昆曲新编

著　　者：王关义
责任编辑：刘　海
装帧设计：吴　钰

出版发行：苏州大学出版社(Soochow University Press)
社　　址：苏州市十梓街 1 号　**邮编**：215006
印　　装：苏州市深广印刷有限公司
网　　址：www.sudapress.com
邮购热线：0512-67480030
销售热线：0512-65225020

开　　本：700mm×1000mm　1/16　**印张**：15.25　**字数**：250 千
版　　次：2018 年 6 月第 1 版
印　　次：2018 年 6 月第 1 次印刷
书　　号：ISBN 978-7-5672-2231-1
定　　价：58.00 元

前言

昆山是昆曲之源，用昆曲写昆山人，这为弘扬和传承昆山历史文化，展示和光大先贤风尚，促进现代文明和文化教育事业建设，鼓舞人们奋发向上，以及促进昆曲回归，无疑是有益的。新编昆曲历史剧文稿《水磨调》《项脊轩》《锁窗寒》《亭林风骨》和《歇马桥》五本传奇文本分别写昆山历史名人魏良辅、归有光、朱柏庐、顾炎武和民间传说的歇马桥故事，是对这一理念的一种有益尝试。我们昆山开发区高级中学身处“昆曲之乡”，一贯重视学生校园文化的熏陶，也愿意为传承和发展昆曲事业尽绵薄之力，所以将此书作为校本读物，目的是提高学生思想情操和文化素养。

“阳春白雪和者寡”，昆曲果然如此。昆曲要回归“小众”，事情多多；要走出“小众”，更是事情多多。除了演好传统戏，占领戏园子，还要走进学校，走近寻常百姓家；除了演出传统戏，还要创作、改编、传唱新戏，而编写和传唱本乡本土人物故事的新戏能让乡人获得熟悉感、亲近感和自豪感，从而反推昆曲的普及。昆曲是古典的，但要与时俱进，有现代意识。昆曲是全国性的戏曲，但更是苏州昆山的。为昆曲回归，为百花齐放和推陈出新，昆山文化人除了做好归纳史料、曲调传唱、曲社活动、剧场观赏等工作外，从事文学创作也是不可或缺的。如果说舞台演出是昆曲的最高境界，那么昆剧创作可以为昆曲园地造势，而昆曲介入校园文化则是创建校园文明和塑造传统美德的明智之举，有利于宣传正能量，传承家国情怀。

昆曲是高雅的，但并不神秘。本书所编写的传奇文本即所谓“清工本”，力求文献可信、文学可读、供舞台有戏可做。昆曲是曲牌体，它的唱词诗化，多为借景抒情；它的念白也讲韵律，展示人物内心，助推情节发展；它的舞台指示有古典的也有乡土风味的，增添美感或喜剧色彩。所以文案力求按传奇“规矩”办事，譬如按牌按律填词，律用平水韵；譬如按宫按腔成套，沿革范例；譬如单套遵循“同宫调、声相邻、同笛色”的联套原则，多向古典名著请教。在编写中如有错处，敬请智者赐教。

编者

2017 年 7 月

目录

水磨调

剧情梗概

魏良辅是昆曲改革家，他继顾坚以后承制和发展昆腔，创“水磨调”，即蔚为一枝独秀的昆曲，被誉为“曲圣”。本传奇《水磨调》是供阅读的文学本。它以魏良辅探曲、学曲、改曲、创制水磨腔的故事和三对情爱纠葛为线索，演绎了他的改革人生，表现了勤奋、敬业的主题以及他温良恭谦的人格魅力。

本传奇序幕过后进入正剧。一个春宵，魏良辅访曲回来，与舟子谈起南戏各腔的现状，认为昆山腔最正宗，若吸收他腔优点进行改革，定能“走出吴中”。舟子劝魏良辅学好吴语，并点名向余莲嫂学，魏良辅大惊。原来舟子是好友陶九宫所扮。而此时昆山片玉坊那边，茶水女余莲嫂正在等着为他们接风。她照顾着魏良辅的女儿，也暗恋着魏良辅。

昆山曲师们热情为魏良辅传授曲笛、发音，但对改腔并不乐意，他们拍曲是为了谋生；班头陶九宫无奈随大流。歌女荷三娘却走进改腔的圈子，使魏良辅大为惊喜。但余莲嫂有点担心了。落拓书生尤渡倒是对她生情，但被拒了。这天，魏良辅之女少琴来向荷三娘学曲，余莲嫂在尤渡怂恿下叫她们“面授”，结果反而受了奚落。而此时的魏良辅正废寝忘食改曲。

魏良辅全身心投入改腔工程。烛下读古谱，梦中会顾坚，风雨访名师，收聘曲家，改制乐器，流寓于昆太之间，殚精竭虑，制作了许多“转音若丝”的新曲，把昆腔提高了一个台阶，得到众曲师的首肯。而荷三娘不辞辛苦、心甘情愿为新曲传唱；一改一唱，彼此无情亦有情了。

于是，两个女人为争夺一个男人而争风。魏良辅专心于改曲，对她们的爱慕还是偏重于感激。但爱情毕竟已经降临，必须抉择。正在为难之际，魏良辅亡妻托梦于余莲嫂、荷三娘与他：为了改曲之梦成真，续弦以“志同道合”者为好。余莲嫂只能忍痛割爱，并与倾情于她且已“浪子回头”

的尤渡“平平淡淡过日子”。与此同时，余莲嫂又促成视如己女的少琴与善北曲、改制弦索的张野塘喜结连理。这样，三支并蒂莲出水，而水磨调也尘埃落定。

中秋虎丘曲会上，魏良辅的片玉昆班独占鳌头，被曲家权威祝允明们评定为：可以“走出吴中”。魏良辅们欣喜而泪。

时　间　明朝嘉靖年间。

人　物　魏良辅（末）　四十余岁，昆曲改革家，史称“曲圣”。

陶九宫（副末）　五十岁，曲师，陶家班班主。

余莲嫂（小旦）　三十余岁，片玉茶坊茶水娘。

少　琴（贴旦）　魏良辅女儿，八九岁，后成人（转闺门旦）。

荷三娘（旦）　十八岁，娄江歌女。

尤　渡（丑）　三十岁，破落子弟。

过云适（外）　六十岁，太仓南曲名家，户籍小吏，人称“户侯”。

张野塘（生）　北曲名家，善弦索，后为魏良辅之女婿。

众曲师　张小泉（净）；季金波（外）；戴梅川（副末）；陆九畴（副末），外号“娘娘腔”；包郎郎（外丑），笛师。

唐　寅（副末）　曲家，四十余岁。

祝允明（外丑）　五十余岁，曲家，曲艺评论家，“近视眼”。

秋　香（旦）　二十余岁，歌女。

（一）序　　幕

［乐声中众人物先后登台圆场、亮相、造型

［副末着现代服饰扮报幕人上

报幕人　**【蝶恋花】**

吴地声腔吴水秀。

妙曼清纯，

新月一枝柳。

巷陌水磨听聚首，

帘栊竹笛吹更漏。
牵得顾坚幡绰袖，
十岁孤楼，
秉烛西风瘦。
菽粟蚕棉各家有，
幽兰空谷谁成就？

（念）燕乐唐宫水调悠，玉山雅集著诗筹；新声流丽横空出，研磨尚泉淌九州。尚泉者，魏生良辅之号也。魏尚泉曲改昆山腔，荷三娘传播走三江；余莲嫂汩受莲塘梦，尤渡者正人采莲芳；魏少琴父媒嫁才俊，张野塘器配得娇娘；过云适拍板一声响，片玉坊茶飘幽兰香。升级转型辛苦是，流芳百世美名扬。这正是一曲水磨调，三支并蒂莲。

【集宋词】　“昨夜西风凋碧树，欲上高楼，望尽天涯路。衣带渐宽终不悔，为伊消得人憔悴。众里寻他千百度，蓦然回首，那人却在灯火阑珊处。”于是，《水磨调》传奇由此而出。

气若游丝情若酒，春江花月尚泉流。
请君翻阅《水磨调》，逆水也能驾雨舟。

（二）访　归

［早春；月色；山水隐约，娄江舟行。转片玉坊水滩
［魏良辅（末）；陶九宫（外转副末）；余莲嫂（小旦）
［陶九宫作苍头舟子划桨介；魏良辅持药幌乘舟介

魏良辅　**【引子·堠山月】**

家别了莲塘，
人赴了昆冈，
仅曲艺他乡作故乡。
今春访腔走三月，
越山翠翠，
吴水苍苍。

在下魏良辅，江西豫章莲塘人氏，出身耕读人家。十年寒窗三年学医五年悬壶，却偏是爱上拍曲，为当地弋阳腔之讴手，也只当

已为南腔之首。不知行医探腔三月，听得南词各腔之妙，才知山外青山各占春色，不敢翘首自诩也。倒是别家赴昆听曲学曲，且年有余也。此次借得春色又于吴越悬壶访曲，得益匪浅。

【正宫·锦缠道】

夜苍茫，
月融融芦风拂凉，
访腔回味若耳旁，
朝暮行遍听梓板高嗓。
踏归程轻舟慢桨，
拨萤波野塘星光，
那岸边隐约板桥长。
念访得一襟清唱，
声声悦心房。
不虚行一舟热望，
颤悠悠乐在水天堂。

今日黄昏前，由太仓南码头雇舟回昆，望眼月夜，好不气爽。（对舟子）船家，昆城可是到了？

舟　子　快哉快哉，那娄江朝阳门隐约可见了。

魏良辅　（望介）果然可见了。

【正宫·小普天乐】

向西边蒙眬望，
古楼堞阑珊状；

舟　子　（接唱）

莫心急一叹三桨。

魏良辅　（接唱）

桨声里心驰神往，
欲回小楼，
把收成付与曲师分享。

舟　子　先生，你好好的医术不用，为何去痴迷那个拍曲？

魏良辅　（笑介）就为那个痴迷呀。

舟　子　此次访曲，得了个什么？

魏良辅　一言难尽。纵听南戏诸腔，诸腔各有千秋，譬如那海盐腔：

【中吕·古轮台】

运腔昂，
恰如濯缨踏沧浪。
唯差伴奏无花样，
譬如击壤。

舟　子　那余姚腔呢？

魏良辅　（接唱）

余姚腔人气兴旺，
羽调板疾声扬，
可惜了杂白混唱；
倾听细辨，
总嫌音色半枯黄。

舟　子　那该如何？

魏良辅　（接唱）

若南词诸腔扬长避短，
善交融可度妙章。
开启有序，
闭掩启韵，
风生水宕。

舟　子　比之我俚昆山腔呢？哪家的好？

魏良辅　昆腔是正声，流丽悠远，在三腔之上，只嫌乡音过重，故止于吴中。

舟　子　哪如何处之？

魏良辅　昆山腔应是与它们，（接唱）

连理结姻缘，
巧梳妆，
窈窕淑女配才郎。

舟　子　联姻巧梳妆，窈窕淑女配才郎。说得好。先生要做为人作嫁的曲媒人了。

魏良辅　这个么，虽有意向，暂不妄想。

舟　子　你欲诸腔结婚生子，务必学得吴侬软语之精妙，不然，哪见没娘的孩子呢？

魏良辅　（笑介）真是真是，在下正在学。

舟　子　怎个学？

魏良辅　坐茶馆，听听百鸟之声；走街巷，觅觅千人之口。

舟　子　听不如唱，唱将听、讲、记三者兼而得之。

魏良辅　怎么唱？

舟　子　唱本乡本土小曲，唱熟了，音也跟着吴侬软语了。

魏良辅　妙哉妙哉，一指之师也。船家，你可唱一曲予吾听？

舟　子　五音不全，折煞我也。（稍等）不急，船到岸头，自有人唱予你听的。

魏良辅　谁个唱予吾听？

舟　子　余莲嫂。

魏良辅　啊？你怎的……

［外脱帽卸须转扮副末陶九宫

魏良辅　（惊介）哎呀呀，原来是九宫师，怎的这般打扮？压着帽子，饰着胡子，变着嗓子，叫聋子听不得嗝子，瞎子看不得麻子，镜子照不着面子。

陶九宫　这叫亮子骗亮子，胡子编曲子，舟子逗痴子；给个惊喜而已。

魏良辅　班头扮舟子，舟子戏痴子；农家里手，曲家高手。羞煞吾也。昆城多高人也。

［内传吴歌《四季调》乐曲

魏良辅　哪来的好声音？

陶九宫　这便是《四季调》，好似余莲嫂为你接风了。（舟下）

［余莲嫂短装打扮上

余莲嫂　**【引子·正宫·破齐阵】**

魏先生探曲回程在望，
何以不见归航？
月弯柳疏，
初听更漏，
一点幽情渐长。
早已备好洗尘酒，
下滩几回听楫桨，
青裙螺髻娘。

奴就是余莲嫂，片玉茶馆的老板娘，实是个守寡的泡水茶娘。与陶家九宫师前后为邻。魏先生寄居他家冷梅小楼，常来喝茶听曲，也就熟了，是奴的心中偶像。待等俚笃回来接风洗尘。（探望介）是了，那船影子看见了；那桨声，也听见了。（内呼介：余莲嫂……）呀，说到就到了。（回音介）哎，姆笃回来哉。

陶、魏　（上）回来了，叫你等急了。（舟靠岸，下舟介）

余莲嫂　不急不急。酒菜都准备好了。

陶九宫　刚才那《四季调》可是你唱的？

余莲嫂　是呀，随便哼哼。

陶九宫　好，良辅正要听呢，等歇喝酒时再认真哼哼，乐一乐。

余莲嫂　好呀。

陶九宫　酒是茅台还是五粮液？

余莲嫂　对不起，讲究经济实惠，地产货，特级沙洲优黄。

陶九宫　也罢，进屋喝酒，喝酒唱曲，唱出情来。

【尾声】　（魏）月里归舟话探腔，

（余）叹五更未醉心芳，

（陶）哪晓那情系何方？

江月泛舟听楫桨，芗茗未饮见情长；

待从酒尽黄昏烛，小筑无言对绿窗。

（三）练　声

［初夏；清晨；娄江岸边

［陆九畴（副末）；包郎郎（外丑）

陆九畴　（上）

【引子·南吕·临江仙】

看桃艳粉枝可风雅，

闲来走数江花；

笛声不见吹蒹葭，

梦中檀板拍，

醒过一缕麻。

在下陶家班曲师陆九畴；只因说话慢吞吞办事欠爽气，人称“娘娘腔”。今日无事，便来江岸走走看个日出江花。内传练声：宫（dao）、商（re）、角（mi）、徵（sao）、羽（la）；（听介）一听就知是魏良辅在练唱。唉，“鱼——肉——鸡——鸭——蛙——”地叫，还说“金嗓子”呢；还说要改曲呢；还说要拜我为师呢，教会徒弟杀师傅，谢谢。一个外乡人，应是入乡随俗，却去鸡飞狗叫；倷听，倷听听。

【双调·锦堂月】

日出江花，
晨风潇洒，
应是鹂声洗尽昏鸦。
喉转唇启，
丹田意念推拿。
也收腹运气徐徐，
清与浊分流匀化。
愣废也，
把个声韵混杂，
刺耳如鸦。

倷听倷听，真的是鸡啼、鸭叫、鱼跳、蛙噪的叫声一般。

【双调·醉翁子】

嘲价，
这练声像雌鸡引颈啼榭。
似池塘草斜，
鸭婆捉虾。
嘈也，
又鱼跳篱闸，
散落银鳞在泥洼。
偏多问，
何处听蛙？
月照初夏。

（对台下）我的嗓音哪哼？一流。好哉，嘲了人家夸自家，不要太过分了，走吧。

包郎郎 ［执笛打哈欠上

【引子·蜡梅花】

昨宵烦躁眠睡差，
翻来覆去嫌鸣蛙。
其实是囊中羞涩酒瘾惹，
清早爬起，
连连哈欠步履斜。

老夫包郎郎是也，不吹牛皮只吹笛，昆城笛手第一位，人称“包铁笛”。唉，包铁笛其实也是一个穷铁笛酒铁笛，醉里活神仙，酒外愁似鬼。

［匆匆行而与陆九畴相撞介

陆九畴　哎呀，倷这个包酒壶，看来一夜无酒，脚步乱哉。

包郎郎　喔哟哟，知我者，倷“娘娘腔”也。酒壶干了，一夜无睡，酒瘾发作，走投无路。（打哈欠介）

陆九畴　这不出息的死状，找魏良辅去呀，俚悬壶有钱，喝俚一壶。

包郎郎　对呀，我是俚一笛之师，还怕喝不成一壶酒？走。

陆九畴　俚就在那边叫鸡叫鸭叫鱼，走呀，还叫俚去叫酒。

包郎郎　倷领个路，这叫跟着阿妈吃喜酒。

陆九畴　吾可不去。（耳语介）知了吗？

包郎郎　呃，吾说“娘娘腔”呀，这是倷的不对了；俗话说，能者为师。倷怎的不去教教俚？走吧。为何不走？

陆九畴　倷是去喝俚的酒，吾可不喝俚的酒。

包郎郎　倷不喝俚的酒，也得去教俚练声。

陆九畴　不喝俚的酒也得去教俚练声？

包郎郎　倷嘌唱艺高，就得教俚。

陆九畴　一招鲜，吃遍天。我这薄艺在身，不可乱传。

包郎郎　传人笛艺，情深酒美。

陆九畴　倷去喝酒，我赏风景。

包郎郎　那是倷的不对了。豆腐水做，人心肉做，魏生可救过倷的命呀。

陆九畴　救过我的命？此话从何说起？

包郎郎　【双调·侥侥令】

那一次伤寒袭你也，
骨瘦似枯柴。

眼见气粗声息哑，

命悬一丝埋草洼。

是魏良辅一呼即来，银针细扎，对症下药，苦守昼夜，把倷从阎罗那里抢个回家，才有个今天当下。

（合头接唱）

滴水之恩如不报，

惹怨寻常百姓家。

陆九畴　哎呀，明白了，包酒壶，那次不是伤寒，而是重伤风。

包郎郎　重伤风不治也要老掉的。

陆九畴　唔呀，这个包酒壶倒也吃他不消，那张酒嘴若是一糊涂去搬来搬去，小心坏了吾的名声；罢，去吧去吧，不要做“娘娘腔”了。

包郎郎　阿陆头，这就对了。（旁白）这“娘娘腔”吃吾一记噱头。（对陆）慢，倷听了，好好教，不然，白教！

陆九畴　倷喝酒，吾教声，还讲条件，了得了得；倷这丑角可以晋升净角来了。（见包得意介）其实也不是净角丑角的问题，而是吾俚昆山人讲义气。

包郎郎　对，讲酒气。

陆九畴　讲酒气？真是个酒糊涂，还要醉驾呢。

包郎郎　专家？品酒专家？

陆九畴　是醉驾，（示意驾驶动作）要罚款要扣分吃官司的。

包郎郎　说漏嘴哉；走吧。（行介；外丑对内呼介）良辅，阿陆师可来教倷嘌唱泛艳来了，快去备酒了。

陆九畴　刚才叫吾“娘娘腔”，接着叫我阿陆头，此刻叫吾阿陆师；唉，吾是阿屈死。

【尾声】　听得练声似昏鸦，

酒葫芦接木移花，

（包）泛艳声中酒一家。

有心折桂看桃花，无意拾红听浣纱；

置换情怡遗一善，浮生足可贺赏嘉。

（四）当　垆

［夏末；桃源小院、冷梅小楼

［魏良辅（末）；陶九宫（副末）

［众曲师乐师笛师：张小泉（净）；季金波（外）；戴梅川（外）；陆九畴（副末）；包郎郎（外丑）

魏良辅　（上）

【南吕·梁州序】

她唱功得天独厚，
声情并茂，
水运风生玉漱。
正彩云引雀，
拂然枝头鸣翠柳柔。
板则流利如数，
清脆色染，
大气苍茫透。

前些日子来了个唱北曲的荷三娘，一连听了几回，好比喝了一壶“杏花村”，沁心冽口，韵味无穷。又记起余莲嫂随便说的“南腔北调听好戏”之口彩，倒是心想能否引进北曲为昆腔推陈出新，也算借鸡生蛋？

（接唱）

灵犀一点构想有：
昆腔人说平直走，
北曲借来可补修，
一闪念千金售。

今日约曲友们研讨曲改之事，不知赏脸否？（呼介）九宫师，曲友们可来也？

陶九宫　（上）不急，会来的。

魏良辅　敢情好。陶师呀。

【南吕·贺新郎】

小院锁楼，

对金樽意思相佑，
论名声瞻君为首。
应携手，
一朵蕾头报枝头，
春风化雨多优秀。
昆腔好，
亦须镂，
老将出马露一手，
声声雅丝丝扣。

陶九宫　良辅过奖了，陶家班只是适时适事做堂会，清商之音受众可也，不敢痴想。

【南吕·节节高】

吹弹奏拉讴，
乐悠悠，
婚庆喜事祈丰收。
东家逗，
西户喉，
邀不够，
四乡八里名声抖。
水调清商舒广袖，
良辰美景天长久。
归去来兮欲何求，
东篱采菊祖风守。

魏良辅　（念）东君一笑桃花骤，丝竹悠扬驾水舟。若将昆腔添秀色，菊篱美酒更悠悠。

陶九宫　说得好；待众位曲师之意向了。

魏良辅　陶班头可是领军人物，语出九鼎，但愿助吾几句。

陶九宫　良辅改曲心切，我当顺水推舟。

魏良辅　为了走出吴中，吾等还须众志成城。

陶九宫　如此雄心，如此壮志，我知了。（张望介）呀，来了，包酒壶准是打头。

包郎郎　（上、念）不发请帖不发筹，不开天窗不探幽；不看僧面看佛面，还说跟仔阿妈吃喜酒。哈哈哈，包酒壶来了。拿酒来。

陶九宫　（打趣）邀你改曲，今日无酒。

包郎郎　改曲就要喝酒；拿酒来，先喝为快。（自取自饮介）

魏良辅　呀，张曲师来了；呀，一个一个都跟着来了。

包郎郎　曲师们就是讲义气给面子。

［张小泉携众乐师上

张小泉　**【南吕·虞美人】**

桃源村里持茶酒，
谈曲怕嘴斗；
小饮小聚也悠悠，
恰似一江春水向东流。

在下拍师张小泉是也。今日魏良辅举办昆腔改革研讨会，带着众曲师应酬几句。

［携众进门上楼介；礼过入座饮茶介

张小泉　好茶好茶，可口润喉，正宗阳羡雨前。

魏良辅　张师好口感。

张小泉　这新茶就是昆腔，何改之有？

陶九宫　好呀，张曲师直奔主题了。

陆九畴　北曲是酒，南曲是茶，怎的滠而饮之？

魏良辅　非茶酒滠杂，兼收并蓄也。

包郎郎　何谓兼收并蓄？倷学笛，老包教拨倷；倷学曲，阿张头传拨倷；倷听堂会，伲带倷进；倷听三娘北曲，伲陪倷听；这下又来个兼收并蓄起来哉？癞子花头大。（饮酒介）

魏良辅　姑苏词曲大家祝允明评说：昆腔却是多平缓，少波澜。似茶，淡；似酒，不醇；故欲使茶浓使酒醇。

戴梅川　非茶非酒，味杂也；不可不可。

季金波　苏城多听客，吹毛求疵，不足为怪。

魏良辅　乃名人名家，也得虚听。

戴梅川　吾乃乡村俚曲，众人相和，可也。

张小泉　怎的乡村俚曲？上传大唐宫乐，历三百年，经玉山雅集，顾坚磨炼二十春秋，得清商之调，可谓千锤百炼，休听怪论。

魏良辅　差矣，顾曲年久失修，雅韵渐消，多乖声，须重整旗鼓，修俗

归雅。

陆九畴　你说当今之腔不雅？你为何学我嘌唱？

张小泉　糊涂，改俗归雅，并非好事；水清无鱼，月明稀星；以吾之见，雅则失人，俗能取众。不然，如何吾等抢占了拍曲的市场？你听那……

【小石·渔灯儿】

月初升笛起箫悠，
弦歌喉巷尾弄头；
流水小桥梦未幽，
只觉得耳酥心透，
聆听人帘卷朱楼。

陆九畴　“聆听人帘卷朱楼”，这叫俗能取众，张师说得不错。

【前腔】

还有那唱堂会祝福聚友，
檀板响若是风流；
乐得东家付厚酬，
高雅也难收众口，
只惹得瑶琴村牛。

说得更实在，乡人是我们的衣食父母，怎能轻抛。

戴梅川　拍曲无主，没人听了，断了饭米，苦了一家老小。

季金波　还担心陶家班变成空头支票。

张小泉　（斟酒介）包酒囊，人家嘴上谈兵，你倒壶中做仙。

包郎郎　叫吾哪能“谈兵”？听良辅的唔笃不开心，听唔笃的良辅不开心；还是喝茶的喝茶，饮酒的饮酒。

张小泉　酒葫芦说的也不糊涂，也饮酒也饮酒。

魏良辅　哎也，那只能是“止于吴中”了。九宫师，你可说句话呀。

张小泉　止于吴中，何害之有？

魏良辅　张师，你有所不知，如今北曲衰微，南曲正兴，人家弋阳腔、海盐腔、余姚腔都在改腔造曲，“抢占山头”“扩大地盘”，快要唱到这里来了，我们昆山腔怎能甘居人后？

张小泉　荒唐！

魏良辅　这是吾访曲所得，也是荷三娘所说，她是跑码头的，见多识广，不会有错。今昆腔在三腔之上，岂能坐失良机。

【小石·锦渔灯】

清商曲也须摧枯拉朽，
就如那逆水行舟；
荡桨扬帆争上游，
莫怨时源出昆冈却停流。

【小石·锦上花】

虽说先人功如泰斗，
也应该创新优，
别开生面乐无忧。
君不见水东流，
千帆争百舸走，
弄潮人不知休。
裹足不进万古愁，
莫使心愁曲也愁？

张小泉　莫使心愁曲也愁？危言耸听，何必作秀！

魏良辅　不是作秀，乃是潮流，与时俱进，切莫守旧。

张小泉　守旧？哈哈哈，若不守旧，哪有堂会唱酬？若不守旧，哪能养家糊口？若不守旧，哪来喝茶喝酒？茶里孱酒，倒是糊涂个透。包酒壶，起笛。（外丑起笛介）听了。

【小石·锦中拍】

陶家乐名声九畴，
斗胆称一流。
一开场众人聚首，
一吹笛鸟飞云走；
一拨弦醉心盼眸，
一听曲眉飞色秀。

季金波　（接唱）

一脉承陶氏遗筱，
已添雅集风流。
应知足好收，
何必爬上廊檐摘星宿。

陶九宫　这，呃，你看，对，喝茶的喝茶，饮酒的饮酒。良辅，喝茶、饮酒？

魏良辅　饮酒。（饮介）好酒。

陶九宫　这是储了三年的陈年老酒。

戴梅川　酒还是陈的香。

张小泉　曲还是旧的优。

魏良辅　好口彩好口彩！（无奈而痛饮介）

荷三娘　（悠然而上）

【北曲·醉桃源】

隔篱冷梅绿枝头，
唯恐懒得修；
蛾眉听说淡淡愁，
有意望层楼。
孤影瘦，
热心稠，
知音令足投。
熏风吹得石榴红，
有心莫躇踌。

（呼介）诸位曲师，三娘不请自来喝一杯了。（进门、上楼介）拜见诸位曲师。（众回礼）

陶九宫　三娘请。（斟酒介）

荷三娘　（饮介）魏先生，若是探曲改腔，就算奴家一个。

包郎郎　啊呀呀。

荷三娘　你改曲，奴传唱。

魏良辅　好呀，不过，众曲师还没点头呢。

荷三娘　公说公理，婆说婆理，不妨各自理走自道，这叫土洋结合两条腿走路。

【北曲·折桂令】

好看是梨园打春牛，
谁个领头？
糊涂涂芦荻白头，
吵嚷嚷夏蝉不知秋。

唯待先生领袖，
洗旧腔生面别开有心占鳌头。
奴学卓嬢当垆沽酒，
琵琶上燕剪春柳。
不耻知羞，
不请自筹；
做个帮手，
莫说温柔。

包郎郎　要做卓文君当垆卖酒？吓忒我酒葫芦了。你图个啥价？

荷三娘　只是志趣相投。

魏良辅　谢三娘。

陶九宫　是该谢，三娘是雪中送炭呀。

包郎郎　不是炭，是干柴烈火，哈哈哈。

荷三娘　包笛师，你是酒精超标了。

包郎郎　那我自罚一杯。

荷三娘　包笛师，这一罚，倒让三娘为你斟酒了。（斟介）喝个痛快，喝个痛快后再给魏先生投个赞成票；魏先生的改曲，就是后人说的“转型升级，修旧创新”，终会乐众。（对副末）陶班头，你说可是？

陶九宫　良辅，你看三娘也来驾我当头炮。

魏良辅　那你马来跳。吾是小卒子过河退不了。

【小石·锦后拍】

正奈何及时雨凭空潄，
豆蔻女郎不藏羞。
偏当垆沽酒，
偏当垆沽酒。
又说是志趣相投，
对此情欲却怎摇头？
吾虽非才情司马惹风流。
也应颔首接倩眸。

三娘，谢你的参与，改曲之事借力了。

陶九宫　好，良辅，你心我知，三娘也知，此事总算有个着落，诸位曲师以后多多关照就是了，如何？

张小泉　唉，不胜酒力了。（喝过一盅携众下；陶九宫陪送下）

荷三娘　一群坎井之蛙。

魏良辅　三娘，不能口薄，他们对吾恩重如山。

荷三娘　有志者事竟成。

魏良辅　多谢三娘勉言。

荷三娘　审时度势，独上高楼。

魏良辅　望尽天涯路。

荷三娘　那人却在灯火阑珊处。

魏良辅　吾得一知音也。

荷三娘　太仓善南词者很是不少，那个户侯过云适老先生尤为精通，不妨拜访就是了。

魏良辅　吾也真想此人，三娘倒也先吾而言了。

荷三娘　奴与他有过一面之交，择日同访就是了。

魏良辅　这，好也。

【尾声】　（魏）冷梅求暖遭冷遇，
笛未谙欠煞风流，
（荷）奴是有心忍不收。

好事多磨谁牵手，冷梅未冷付春愁；
小池小荷涟漪起，掌桿底时觅绿洲。

（五）茶　诉

［暮春；片玉茶馆：曲台、茶座

［余莲嫂（小旦）；尤渡（丑）；荷三娘（旦）；少琴（贴旦）

［余莲嫂端茶壶上

余莲嫂　**【南吕·秋月夜】**
茶幡飘，
三月柳烟绕。
茶坊茶水凭茶道，
茶客进门带春笑。
苦香听百鸟
打情不卖俏。

（念）客散懒打扫，紫砂空对瓢；呆看窗外雀，静下倒无聊。魏先生几天不见，倒是牵挂了。唉吁也，难不成奴这是没名堂的单相思？拍曲郎中，茶水娘，不配？罢了。人道是，女人三十好过，四十难熬，嘿嗨，奴家还不到四十，还有时候，放弃不得。

【南吕·梧桐树】

待等杏雨飘，
飘得梧桐骄；
青叶青枝，
一树青旗袍；
奴是不偏不蛀不懊恼，
守寡守身守节操。
敢是生情，
不做墙头草，
怕只怕木樨花落作牛料。

多思不得，还是打理老虎灶。（收拾介、时而呆立）

［丑扮尤渡上

尤　渡　**【南吕·秋月夜】**

寂无聊，
便走茶坊道；
茶坊那厢茶水好，
茶水哪比余莲嫂？
别看马兰身瘦料，
花开老来俏。

吾是尤家尤少爷，落榜秀才，虽说家道破落，却还柴米无忧，听曲喝茶，一天不差；今日无事，孵茶馆去打发辰光。咦，怎见余莲嫂呆立一旁？（唤介）余莲嫂，你在想啥价？

余莲嫂　（惊介）呀，尤渡，倷冷闳头一叫，叫老娘吓了一跳。

尤　渡　老娘？大吾两岁，称不上老娘，该是在“老娘”后面加个“子”字，叫老娘子才好。

余莲嫂　休得油嘴滑舌。

尤　渡　姓尤不油，若是你吾相配，往后我挑水你泡茶，生意兴隆顶刮刮。

余莲嫂　休得无礼。

尤　渡　不是无礼，而是“关关雎鸠，君子好逑”。

余莲嫂　倷不去照照镜子。

尤　渡　如此小觑吾？吾会听曲。

余莲嫂　听曲谁个不会？王婆卖瓜。论本事，阿会拍曲？

尤　渡　吾知了，你是看上了那个外地人不成？

【前腔】

外地鸟，

飞走属迟早；

他是宜兴茶壶嘴巴小，

无锡面筋空心枣。

篱笆酸葡萄，

充当水蜜桃。

余莲嫂　哈哈，尤渡，这倒像在说你自家。

【前腔】

魏先生医术高，

唱曲把梁绕；

杭州阳伞骨子好，

太仓老布销路俏；

不是墙头草，

无风也自摇。

尤　渡　哈哈，是了是了，余莲嫂，厚俚薄我，对俚有情了。

余莲嫂　好呀，油头，那就拜托你做我一个顺水媒人。

尤　渡　喔唷唷，余莲嫂有噱头，倒是扳过一桨将我一军，这顺水媒人是葱头。（对小旦）余莲嫂，待他拍得曲来，我论他个“不”字，看他在昆城站得住脚？

余莲嫂　喝倒彩？众眼是秤，众耳是戥，你的嘴是葱？

尤　渡　还是做葱头。你敢小觑我？那魏良辅拜的师傅可是我的外戚。（止介）唉，这个说不得。罢，泡茶来！

余莲嫂　倷自家泡去。

尤　渡　也罢，吃不了倷人，吾就白吃倷的茶。（泡茶喝茶介）

余莲嫂　（对外望介）那不是走来了少琴吗？（推窗呼介）少琴。（内应介：哎……）

少　琴　（上）茶水阿孃好。（余莲嫂迎介）

尤　渡　（背介）一个嘴巴甜得像蜜糖，一个心肠热得像老虎灶里的砻糠，看来吾是没戏唱哉。罢罢罢，喝茶喝茶。

余莲嫂　少琴，好些天不见倷父亲来听曲喝茶了，哪哼价？

少　琴　在家改曲哩。

尤　渡　改曲？啥个名堂？

余莲嫂　改曲就足不出户了？

少　琴　**【仙吕·梧桐树】**

他鸡鸣执兔毫，
研墨破天晓。
细审微调，
短叹兼长啸；
一腔三板觅腔奥。

尤　渡　吃饭也吟、也啸？

少　琴　（接唱）竹筷瓷盆当板敲。

余莲嫂　可不要累坏了身子。

尤　渡　喔唷唷，心疼了；让吾嘲他一把。你父亲走路也敲？

少　琴　（接唱）踏步低吟，
轻把折扇摇。

尤　渡　梦里也改？

少　琴　（接唱）梦里哼句宜春调。

尤　渡　那是正宗的废寝忘食庄周梦蝶了。

余莲嫂　尤渡，倷不要阴阳怪气的。

尤　渡　喔唷唷，心疼了。

余莲嫂　别理倷。阿孃给你好吃的。

少　琴　不吃了，吾要向师娘学曲哩。

余莲嫂　啊？师娘？去学曲？

少　琴　父亲叫学的。

余莲嫂　啊？你父亲叫学的？

尤　渡　余莲嫂，一个改曲，一个唱曲，又一个学曲，阳关三叠，文章破题，当心呀。

余莲嫂　油嘴。

尤　渡　油嘴不油，听吾一言，加上吾一个听曲，便是一台小戏。

余莲嫂　此话怎讲？

尤　渡　（稍顿）那吾说与你听。（附耳语介）如何？

余莲嫂　听倷一回。（对贴）少琴，茶水阿孃要看那三娘哪哼教倷曲的，请三娘出来教，哪哼？

少　琴　好也。（下）

尤　渡　尤渡向着余莲嫂，问汝知晓不知晓。

余莲嫂　无聊，此话且作开玩笑，砻糠只烧七星灶。

［荷三娘抱琵琶从少琴上

荷三娘　教曲要奴上店堂，真是个莫名其妙。老板娘，奴家来了，你好生看着，好生听着。少琴，听奴一曲，好生记着。

余莲嫂　是呀，看倷哪哼教的，饱饱眼福。

荷三娘　请了。

【插曲·寿阳曲】

磨龙墨，
染兔毫，
倩花笺欲传音耗。
真写到半张却带草，
叙寒温不知个颠倒。

尤　渡　（击节而听，毕）这是马致远的《双调·寿阳曲》，正宗的北曲，苍凉之中倒也夹着三分俏皮了，有江南情调，好。

荷三娘　尤先生倒也知曲。那三分江南情调是学了魏先生的唱腔。

余莲嫂　啥辰光学的？

荷三娘　多日也。魏先生在台上拍曲，奴家用心听之，用心记之，用心研之，用心学之，今刻用心唱之。

余莲嫂　一连无数个“用心”，用心何在？

荷三娘　这怪了，唱曲不用心，怎的先声夺人？这《寿阳曲》更要唱得用心。那位尤先生，奴家说的可是？

尤　渡　正是。余莲嫂，这首曲子唱的是一位闺中女子写信于情郎之情姿，好生逼真；不用心何以叙情。荷三娘之言言在路上。

【仙吕·锁窗寒】

无情本已懊糟，

又被嘲，
有点臊。
君心莫焦，
也莫唠叨；
身居茶馆，
心存醋糟。
你说心焦还嗤笑？
唉，眼前有只花狸猫，
脚踏尾巴一声“妙”。

余莲嫂　气死老娘哉。

荷三娘　老板娘，怎的气死你呀？

尤　渡　吃醋呀，哈哈哈。你还要听她教唱吗？

余莲嫂　都是倷的花头。（对旦）还不快去后室教唱。

荷三娘　（窃笑介）奴家用心唱，是错了还是不错？不陪了。（携贴下）

尤　渡　余莲嫂，你又不是闺中待嫁之妙龄少女，不要生气，还有吾呢。

余莲嫂　癞蛤蟆别想天鹅肉，滚。

尤　渡　老板娘，莫生气。拜拜。（花步下）

余莲嫂　有啥个稀奇的，你有嘴上功夫，老娘有茶水功夫。

［插科：提壶作昆山民间《跳板茶舞》，或设计广场舞

【尾声】　有情惜被有情搞，
茶水功滴滴高超，
你会琵琶任你笑。

茶戏戏茶戏茶嫂，曲传传曲传曲娇；
情多情少未情了，春水春风莫相撩。

（六）烛　读

［初夏；冷梅小楼；又梦幻傀儡湖畔

［魏良辅（末）；顾坚梦影（生）；余莲嫂梦影（小旦）；少琴（贴旦）

［魏良辅于灯下读陶谱介

魏良辅　（念）子房脱鞋得韬略，良辅苦口受天音。九宫师毕竟是九宫师，他虽是不与改曲，却送吾一本《陶氏清商古谱》，还叮咛“改腔

可是走独木桥，千万要小心”，可叹可圈之情也。吾深理会之。此刻烛下读谱，参阅玉山雅集诗词，可探得古调真谛？

【仙吕入双调·沉醉东风】

读陶谱五音漫濛，
星罗了工尺雕虫。
陪读处烛光红，
宫商角徵
用心思满腔涌动。
月斜琐窗，
一帘朦胧。
曲弦滋味，
声声梦中。

读古谱花了工夫，却也受用。（借宫拍曲介）

【小工·普天乐】

碧云天，
黄花地，
西风紧，
北雁南飞，
晓来谁染霜林醉。

唔，上下入律，左右对工，词藻精美，音色可餐；声情凄美、美也哉。不过，传到吾辈，为何离腔变调了呢？果真是伶工俗化了？（思介）罢、罢、罢，还是找个法儿端正好。（拍曲介）也不易呀。

【仙吕入双调·沉醉东风】

更须知天道酬勤，
烛泪了半身不嫌痛，
一筹展万点通。
默声寻踵，
舞翩翩百灵朝凤。（推窗望介）
星星碧空，
影影花踪；
月移云动，
桃零也是梦。

吾可是触景生情得主意？是也者，云飘月影移，风过桃枝动。再顾那风中之烛也有飘逸之姿，不但有静美，也有动美，那不是解吾改腔之谜吗？当下拍曲求个舒缓，却忘了个以疾衬缓，以疏辅密，松紧缓疾有致，便是不平不直了。哈哈哈，昆腔加个嘌唱泛艳便成一法？（欣喜而步舞介）

【仙吕入双调·嘉庆子】

恰好月静云动，
风拂枝舒邀影共，
天籁音潜谱中。
灵感涌，
耳目聪；
憔悴过，
神思舞步溶。（入座手书介）

古谱选新声，雅集研旧韵，研读玉山雅集诗词，别有一番滋味，可探得古调之脉。

【中吕·菊花新】

古声变幻五音功，
夜阑青灯读从容；
窗外月朦胧，
入胜景雅集亦梦。

（念）读赋博取四调工，咬文嚼字理疏通；西窗月照床前烛，神竭难抵瞌睡虫。研曲更上层楼，好似手摘星辰，也有个艰难孤独呀；遐想起那玉山雅集众人唱和正是热闹。（步舞介）

【黄钟·神杖儿】

翩翩灵动，
低吟浅诵，
云开月笼。
谱音渐潜唐宋，
顾坚金粟，
笛飞丹凤。
欣然处妙曼浓，
欣然处妙曼浓。

真想会会那风月散人；呀，那不是风月散人么？

【黄钟·出队子】

毕竟古风难弄，
谁觅陈年旧影踪？
傀儡湖畔软语浓，
并蒂莲池荷姿空。
多少神驰，
缥缈境中。

呀，好是困乏。（伏案介）

[切入梦境：傀儡湖畔，末背立面湖；众金粟歌女翩翩而降；复下

[生扮顾坚执扇飘然而至

顾　坚　**【引子·南吕·生查子】**

鹤驾蒹葭风，
袖拂碎银垄；
今夕思古地，
凡访梦中梦。

（念）风雨兼程十里亭，草堂赋酒笛吹醒；高朋满座谁为秀？引得后人苦苦评。吾乃三百年前千墩顾坚也，自号风月散人，好南词，善古赋，与玉山草堂金粟道人顾阿瑛为友，开发南曲之奥，称昆山腔，呀，好不自在。可惜历经兴衰，久不闻正声也。

【商调·二郎神】

清音弄，
三百载光景未永，
沧海桑田真也梦，
草堂寂寂，
难觅箫引笛从，
一扇古风嗟枯荣？
但见个后生望碧，
怕是道中人，
把憧憬付与宁静迷濛。（拜介）

这位后生好生面熟。

魏良辅　（转身答介）哦，看你巾生打扮，怎的称吾为后生呀？

顾　坚　年岁大小不在打扮，要看日月运转；你看台下的老太太老先生哪个不是穿红着绿的，能说他们年岁小吗？

魏良辅　说的也是。先生也好生面熟，像在哪里见过。

顾　坚　不是见过，而是神交？

魏良辅　神交？这个……

顾　坚　哈哈，是神交是神交。虽是上下三百年，却是曲子一线牵；你是梦里改腔，吾是魂中游腔，在这里做了个角色对接。

魏良辅　对了对了，虽是素昧平生，却是认定朝思暮想的先人；风度翩翩，气质儒雅，目中有韵，耳边生律，企齿便有鼓板清音，拂袖当是一曲仙乐【蝶恋花】。是了是了。（拜介）晚辈魏良辅拜上曲仙顾先生。

顾　坚　消受不起，免了免了；同是天下唱曲人，相见何必曾相识；在下还礼了。（互拜）今朝是来看风景？

魏良辅　呃，也算是吧。

顾　坚　唱曲的人就是要把风景看个够，目悦气畅，口叹心咏。你看：

【插曲·宋词·浣溪沙】

一把青秧趁手奉，
轻烟漠漠雨濛濛；
东风染尽三千垄。
一曲新词酒一盅，
吴歌讴满清商浓，
白鹭飞来解春慵。

魏良辅　这曲词怕是出于宋时昆山“石湖书院”主人范成大之手，被你借来唱成昆腔了。

顾　坚　正是，曲从唐宫来，韵出宋词中。譬如这诗里便有古朴清新之韵，吾等便是从中揣摩拍打出来的。他的也就变成我的了。

魏良辅　这曲声怎的这般清纯典雅？真是锦上添花。

顾　坚　这是细曲，也是你这些时日研读古赋古韵，耳濡目染，已是不浅。

【商调·集贤宾】

唐风宋韵元曲种，
笛霓裳飞鸿。
一笑千金天娇宠，

集菁英度风雅颂。
乡音梓语，
也采集海盐腔种；
善发奥，
泛艳转喉声恸。
（合尾）契合口，
吐若游丝，
字清腔纯板正，
清丽俏雅情涌。

魏良辅　知了，那是昆腔原色。

顾　坚　原色？哈哈哈，此话说得恰好、恰好；可当今之人谓之旧声，既知旧声，应创新音，新音何处？

魏良辅　先生且不焦虑，学生正在探究。

顾　坚　探究好，要探究个昆腔来龙去脉、五音四调。不说了，让吾折支竹枝当笛吹，软语吴侬了一遍。（折竹枝化笛，吹介）

［小旦扮渔妇划舟过场；唱插入曲

【插曲·吴歌水调】

彩巾兜头青丝笼，
蓝裙掌橹载渔公；
一网锦鳞一网葱，
一网芦风苇雨晚来虹。（下）

顾　坚　那船娘的歌听得如何？

魏良辅　清新质朴，好听，只是不雅。

顾　坚　不雅而好听，也就不能嫌弃，若度制为昆腔，可为粗曲。"吴姬水调新腔改"，即是也。既为水调，总有可用之处。须知，水调便是昆腔底色。

魏良辅　昆腔底色？

顾　坚　是也。吴侬软语，乡风清纯，声分五音，字蕴头腹尾，音度隔而相连，可轻柔似丝，可清亮如莺，用之歌，如水；用之曲，如磨，糯也。若是磨上吾的昆腔原色，磨出个花色，便是你要的新腔。

魏良辅　像个水磨粉？

顾　坚　一个"磨"字说得好。不过，磨的不是粉，而是木贼草在水中磨出来的那个细细韧韧。魏生，吾再唱一曲，你来吹笛。

魏良辅　好也。（授笛接笛介）

［众歌女复舞上

顾　坚　**【商调·黄莺儿】**

栽柳细雨中，
柳成荫惹熏风，
小桥流水莺啼风。
君心磨曲，
古今须通，
更知天道酬律动。
好事多磨，
身无旁骛，
功到水渠通。

魏良辅　好个昆腔原色。

顾　坚　魏生，若要水到渠成，送你三字：一曰“勤”、二曰“诚”、三曰“韧”。

魏良辅　勤则用心，诚则虚心，韧则信心。吾知也。

［顾坚隐退下，幻化毕；笛化为笔

魏良辅　呀，怎的这笛变成笔了。先生，（转身介）呀，先生怎的不见了？呀，竹枝化笛，笛子化笔；竹成笛，笛成笔；笔是笛，笛是竹；竹笛笛笔笔笛笛竹竹笛笛笔；哎呀呀，那小生果然是风月散人。（舞笔追介）好个苦心一梦调教于吾也！（临窗痴介；念介）有心栽柳柳惹风，君意磨腔例憬憧；天道酬勤无旁骛，渠成水到笔横纵。

【商调·簇御林】

这分明指迷津，
释隐衷；
这憧憬，
是信鸿。
良言灌耳心灵动，
戡慵懒轻讥讽；
起帘栊，
把迢迢净空，

蓝兮兮遍遍看从容。

【尾声】 水调本源磨新风，
嘌吟泛艳花枝丰，
勤研苦缕终有逢。
日夜思想出梦景，身临傀儡遇旧宗；
汤圆灵感君何笑？木贼草柔磨本容。

（七）争　风

［仲夏；水榭；水滩

［荷三娘（旦）；余莲嫂（小旦）；少琴（贴）

［荷三娘于水榭中思览介

荷三娘 【引子·正宫·燕归梁】
扶雨披风走三江，
琵琶行，
路茫茫。
相逢萍水尚泉堂，
曲里吐情仰望，
望君如愿改腔；
岸风长，
吹透了荷芰香。

奴家自结识魏君，便知他是个医艺见德之人，心怀终身托付，便把教曲少琴当鸿雁，又言语相送，却不见魏君心动。如今他改曲，奴传唱，走遍三江地域，做好个“当垆卓孃”；魏君偏是不露真容，叫奴家怎的是好？曲为媒，情自许。无奈自填一曲【小桃红】教予少琴，让她传情于魏君，寄奴相思意。（取示曲谱喜介，呼介）少琴，快来后水阁里学曲。（内应，贴扮少琴上）

少　琴 师娘，少琴来了。

荷三娘 少琴，奴家自填一曲【小桃红】教你，可好？

少　琴 好，师娘真有本事，能自填自唱，了不起。让我先自读它一遍。（接读介；称好介）

荷三娘 好就好。

【正宫·普天乐】

一枝春色几人赏，
风摇流绽还芬芳。
寄情时蝶恋花黄，
今是柳丝长心思也长，
可惜那荷风飘荡，
未待得桂花放。
听蛩声诉说云帐。
奴把【小桃红】用心送上，
但愿知音曲做媒娘。（叹介）

少　琴　师娘，正唱得好听，怎的叹息了呢？

荷三娘　少琴，有情难寄呀。罢罢罢，教唱就是了。唱好了，快快唱与你父亲听就是了，他会知音。

少　琴　是了。（教唱介）

［余莲嫂挽衣篮上

余莲嫂　【正宫·燕过声】

匆忙，
偷闲浣衣涤裳，
急溜溜下滩穿廊，
江风乱发捣衣棒。
岸这边柳丝长，
岸那边紫燕双双。
那燕悠然贴水傍，
又跃然比翼彩云帐，
归来时不恋华堂恋旧梁。

那魏先生也是只恋巢的燕子，总是不忘莲塘旧情。如今俚守楼改曲，奴帮俚洗洗补补，也是表情，不知俚可领情？喏，这身布衫裤子就是为俚洗咯；晒干了还要缝补呢。（上水滩洗介；内传曲声）呀，那是荷三娘教唱的声音，让奴细细听来。（听介）啥个“怡人颜谁个享”？你算比奴漂亮？漂亮可当饭吃咯？要讲良心；再说，奴也不难看。又啥个“梦多梦少曲为媒”，哼，要讲唱曲，老娘比你先唱，在场的观众可以作个证：奴唱的【五更调】醉过魏先生呢。不烦了，你唱你的，奴洗奴的。(洗介) 不行，给俚唱成功了，奴不是白洗一场？对，闲话还须讲几句。(呼介) 少琴，探出身来，姆笃在唱啥价？

少　琴　(推窗探身搭理介；继上) 茶水阿孃，是师娘教唱【小桃红】。

余莲嫂　【小桃红】？小桃早在夏天里结果了，哪能还红？

荷三娘　(探身介，上) 老板娘，那是曲牌名，你是装着不懂还是太懂，好不让吾教唱？

余莲嫂　不要教唱。

荷三娘　那是你的不对了。

【正宫·倾杯序】

听详，
淡粉妆吐蕊香，
一路留春望。
又情寄声腔，
孤寂自赏，
偏袅袅飘飘，
倩影纱窗。
那桃红虽殇，
却妍心上；
东君潇湘，
也意会云霞桃花占风光。

(念) 情寄曲芳曲自行，飘飘袅袅小桃殇；东君知晓江红满，不着粉妆吐蕊光。那东君也赞奴三分呢，老板娘怎的不让奴唱？那小桃之红不在枝上也在心上呢，要是落在地上，那才是叫唱也唱不得了。青春能几何？情生不可误；敢把小桃折在手，指指枝枝相交乎。

余莲嫂　喔，知了知了，这就叫【小桃红】；知了知了，倷就是小桃红。

【正宫·玉芙蓉】

这小桃粉艳香，
殇在东风荡，
赏花人长叹欲挽无望。
占枝百日碾成浆，

还不敌柳丝贴夏塘。

（白）奴劝你，莫痴心妄想。

荷三娘　余莲嫂，多虑了。这小桃花虽殇，魂留青枝上，任风调雨润露滋霜养。

（接唱）生成嫩白酥乳模样，
摘下枝来满口香。
奴回你，
这甜尝粉赏，
绿里娇娘，
又似瑶圃品琼浆。

余莲嫂　喔唷唷，“嫩白酥乳模样”，说得好不肉麻，真是个唱曲的，不知脸红。

荷三娘　爱到深处，何脸之红？

余莲嫂　真是说的比唱的还好听。你不看看，那江面上飞的是啥个价？

荷三娘　（望介）飞的是一对紫燕呀。噢，真是一对紫燕，一对好好紫燕，形影不离，便像奴家相亲相爱之心。余莲嫂，你讲的是也。

余莲嫂　哈哈，荷三娘，倷是冬瓜缠在茄门里，奴是说：

【前腔】

别看那紫燕一双双，
穿梭剪烟江，
待秋风落叶影消昆岗；
温柔饱食过时忘，
柳黄枝疏去他乡。
奴说你，
别缠人不放，
待劳燕分飞，
误了人家好时光。

倷是个抱琵琶走江湖的唱曲人，居无定所，更是耐不住寂寞的，若是问你爱有几多深，只怕半个屁股水一盆。

荷三娘　余莲嫂，这你又多虑了。去留全在弦上，魏先生是奴知音。奴把奴送他的【小桃红】唱予你听。（琵琶弹唱介）

【正宫·小桃红】

梅冷落桃红上，
怡彦色谁谁享？
花摇蝶恋移莲望，
春宵柳月思云帐。
一笺小令寄西厢，
袅丝音当垆卓嬢。

奴与他志同道合，情愿两厢，以曲为媒，将来是弹唱扶将，百年好合。（对贴）少琴，你说，这可是吗？

少　琴　是的，不过嘛，何谓“志同道合，情愿两厢”？师娘可予说个明白。

余莲嫂　倷不要听俚惑人；倷不要听俚欺生；倷不要看俚得意。（对旦）开好茶馆，“生意兴隆通四海”，这便是志；遵守妇道，“柴米夫妻老来伴”，这便是道；成功男人的一半是女人。女人的一半是“汏汏衣裳烧烧饭，养养儿子传传代”，倷阿晓得！吾做好俚的衣食起居，便是模范妻房，便是成功的一半。（示手中衣物，或洗介）倷看……

【大石·催拍】

浣衣裳指连心房，
清流清知奴牵肠；
情归大江。
情归大江，
日晒风晾，
衣有余香，
再缝纳周详，
线线情长。
何以说“紫铜桃核”，（志同道合）
何以说“堂锣粥娘”？（当垆卓嬢）

少　琴　还有水磨粉团子呢，糯、甜、香，吃得额角头发亮。父亲还说……

余莲嫂　还说啥价？

少　琴　还说水磨团子吃出灵感来了。

余莲嫂　听见吗？味道灵，感觉好，一个灵，一个感，头尾一接，把个灵魂碰出火花来了，便是水磨团子的灵感。嘿嗨，荷三娘，这灵感倷阿有？

荷三娘　喔，倷说错了。这灵感是触景生情，便能“琵琶弦上见古调，竹笛梦中得新腔”。老板娘，你弹得出吹得出吗？

余莲嫂　夫妻夫妻，吃饭穿衣，搞啥个布尔乔亚。少琴，吾俚走吧。

少　琴　吾还要学曲哩。

余莲嫂　还要学曲？呃，对对对，还要学曲、还要学曲。荷三娘，奴对你说，奴与你争风不吃醋，吃醋不争风，这与少琴学曲不搭界；少琴的曲倷定要好好地教，这是吃饭本事。（下）

荷三娘　这个老板娘，真有意思，是个单相思。

少　琴　师娘，你是双相思。

荷三娘　这，这个么……小琴，来来来，吾把【小桃红】教好了你，你去好好唱，叫你父亲好好听，师娘就双相思了。

少　琴　这么灵光？这么灵光是不是就是灵感了？

荷三娘　少琴，你真是好乖。

【尾声】　仰慕便是心相向，
【小桃红】溢尽花香，
香溢还须东君帮。

心忌心仪口水枪，小桃小燕做文章；
争风吃醋君休笑，演戏从来要夸张。

（八）走　桥

[仲夏；娄东路上

[魏良辅（末）

[末扮魏良辅上

魏良辅　（念）一管狼毫蘸墨池，几笺工尺镂晨曦；栽花必有天赐雨，弄翠还须修䓖枝。苦心经营小楼，不忘师从高手，今日前往请教娄东过户侯。

【引子·西地锦】
吹累塘风心醉，

娄东拜访名师。

霓裳曲子高人洗，

佐声协调鲜怡。

[风雨骤起介

出门那刻还是个晴天，半路上怎的变了？真是天公不作美。不妨，云里雨吓小鬼，吾乃堂堂汉子岂能退而避之。（撑伞介）前去便是了。

【黄钟·狮子序】

云头雨，

倾猛然，

撑起伞所向披靡，

任风雨淋漓卷衣。

且楼上镂曲不悔，

奈路上遭洗礼？（行路艰难介）

虽说步履艰，

踏泞泥，

心知不经风雨，

焉见彩霓？

这就是苦旅心驰。

前面却是一顶独木桥了。呀，独木桥呀独木桥，好个刻骨铭心的独木桥。当初，九宫师赠吾清商古谱时说过："这改曲可是一顶独木桥呀"，是警示？是励志？或是劝慰？吾洗耳听之，悉心思之，恭手受之，在"独木桥"上走呀走，风风雨雨，走过甘辛，走过曲直，走过荣辱。呀，彼独木桥可是此独木桥呀？

【黄钟·太平歌】

晨昏里，

读工尺，

不忘古谱陶叔赐。

相助用心心备至，

情涸肺腑促明志。（上上下下过桥介）

（念）人走风雨桥独木，独木情结还须系。

踏桥桥踏涟漪，

探索路更记在心扉。

呀，这风雨赶路形状倒也让吾臆想三娘为吾传歌播曲之辛苦呀；吾怎的谢她？她送了吾【小桃红】，吾回了个“两情若在久长时，又何必朝朝暮暮”，她也心领了。唉，也是别样牵挂。

【前腔】

她三年里，
拍新声，
沿江卖唱人不歇。
风雨兼程常有事，
披星戴月不为稀。
此情难断柳与丝，
何处觅莺啼？

［圆场行介；风雨止，闻蝉声

果然是雨过天晴，还应个“东边日出西边雨，道是无情也有情”呢。（收伞行介）前面又遇石桥了，这是何等道理？是启示吾走出困境登上胜境？哈哈哈。

［上桥介

【黄钟·赏宫花】

拱桥石砌，
狂生拾高兮，
怅望江流东西逝，
娄水曲如归。

（念）天高任鸟飞，海阔凭鱼跃，哈哈哈。（自省介）呀，岂能如此得意忘形？恭恭学子，学无止境，改曲还须从师问师多切磋。

即使走上阳关浩荡地，
还当是身临独木谦谦立。（下桥行介）

不远处便是户侯家院，恩师定在那里等候了，让吾带紧脚步走去。

书斋琐户暖风池，不见斯人赏杏李；
牧笛雨吹红蓼水，野桥独木绿蓑衣。

（九）顾　　曲

［初秋；冷梅小楼，小桌、酒具

［魏良辅（末）；张小泉（净）；季金波、戴梅川（外）；陆九畴（副末）；包郎郎（外丑）；陶九官（副末）

［造型：魏良辅背立、转身

魏良辅　**【引子·声声慢】**

放眼秋色，
寥廓抒怀，
会当念旧经营。
忆赠谱清商，
授笛泛艳吹笙。
今请听新声聘咏，
孰知音，
判个清清，
纵然曾各行曲道，
也是互敬杯觥。

（念）功夫不负苦行僧，研得新腔十九声；南雁飞鸣平地落，但看顾曲酒三巡。正是秋高气爽，再邀曲师名家来冷梅小楼顾曲评调，若是认可，则改曲之事初呈端倪了。唉，我虽苦心经营，应记众星拱月、高人指点呀。备酒去吧。（下）

［副末扮陶九官持酒上

【羽调·胜如花】

桃源屏金菊英，
顾曲情添酒茗。
改腔人会拍曲人，
旧曲人听新曲韵。
过往事一笔销净，
情谊归与时俱行，
毕竟是同道友朋。
赏菊怡情，

送我精气盛。
重组合心心互敬，
更须求德艺同馨。

魏良辅 （持酒上）唉吆，九宫师，今日是吾邀请诸位曲师评曲，怎的你携酒来了？

陶九宫 吾是冷梅小楼之主，该尽地主之谊，难不成你要夺吾家宅乎？

魏良辅 情义之言也，良辅领了。（置酒桌上）你我同饮，让包笛师饮个痛快。

［外丑扮包郎郎上

包郎郎 哪个在说我包酒囊的坏话。

魏良辅 哎呀，包笛师到了，失迎失迎。

［众曲师接踵上

张小泉 **【前腔】**
秋景明恰闲停，
特约听讴助兴。

季金波 （接唱）冷梅楼苦寓青灯，
难为他红桃绿杏。

戴梅川 （接唱）猜不透一股较劲，
拉不直一弦神经，
也斩不尽一树枯荣。

包郎郎 （接唱）只管酒里清醒，
任新瓶旧甑。

陶九宫 （接唱）但愿得并茂声情，
独幸了杨柳翻新，
也幸了紫竹扶青。

包郎郎 这酒，好诱人，哈哈哈，老包要喝酒了。（欲取介；副末按介）

陶九宫 欲喝酒，先吹一笛。

包郎郎 酒酿肚中之气，无酒笛个不动。

魏良辅 也罢，包师爱酒，吾先来敬你一盅就是了。（敬介；丑饮介）好是痛快。说，笛个何曲？

魏良辅 笛个《月子弯弯》吧。

包郎郎 开心喝酒，何笛凄楚？

魏良辅　包先不用开口，吾会直奔主题。你吹了就知也。

［包郎郎吹介；众拍介；背景音乐：吴歌《月子弯弯》：内唱“月子弯弯照九州，几家开心几家愁；几家小楼饮美酒，几家流落小桥头”。

［贴扮少琴上

少　琴　**【自度插曲·五更引】**

更漏深，
冰轮收新声；
彩云绕萦，
不耐孤寂皎皎亦亏盈。
拂冷袖，
谁家奴奴凝倩影。（下）

魏良辅　小女讴的何样？

季金波　似有吴歌《月子弯弯》之味却又胜于《月子弯弯》，雅也。

戴梅川　气若吐丝，音色缠绵撩人。

陆九畴　词似出于风月散人之手乎？曲是……

魏良辅　良辅改制。（众惊叹）

包郎郎　好听好听。赏我一盅。（饮介）

陶九宫　小调变细曲了。（对净张）张师，你怎的只管闷酒，一言不发？

张小泉　品酒即品曲。

魏良辅　张师是昆城拍曲之冠，一言九鼎，敬请赐教了。

张小泉　不急。良辅，这【五更引】果真是你自制的？

魏良辅　真是，也得益于娄东户侯调遣。不吝赐教。

张小泉　赐教不可，领教可以。唉，想当初，老夫力阻改曲，是个花岗岩头脑了，得罪了得。

魏良辅　张师，此言折煞我了。

包郎郎　哎呀，得什么罪，折什么煞，又不是来斗私批修的。良辅，你唱你的。

魏良辅　也是；再听我一首【五更声】，由北曲【五更转】改制，供男儿所咏。（授曲谱介）

【自度插曲·五更声】

玉兔静，
庭梅冷，

疏枝也娉娉。
梦醒谁个毫墨咏，
烛荧屋屏，
曦未鸡鸣。
远虚荣，
五更转，
业恭敬；
岁值知命，
已使鬓霜凝。
江流有源，
人生几凭？

戴梅川　也有凄美，却倚生气，良辅为己而咏乎？

魏良辅　正是。（净张饮酒叹介）

魏良辅　酒如何？

张小泉　好酒，醇也。

魏良辅　曲如何？

张小泉　好曲，纯也，如水中研磨出来的。

魏良辅　水中研磨出来的？

张小泉　正是。

魏良辅　是水中研磨出来的？

张小泉　不假，腔如研磨。取南词之柔，飘逸似风，清新如水，度得精致、精致，谱得细腻，在工尺间舒展泛艳，好似木贼草蘸水而磨，磨出来的细腻柔润，水磨功夫也。

魏良辅　啊，水磨功夫？水磨功夫！知我者张师也。（泪泣介）

戴梅川　良辅，你怎的泪泣了？

魏良辅　十年磨一剑，四季小试锋，辛苦所得，吾乐矣。

张小泉　这么说，你那新曲也是用泪水磨出来的了。

【中吕·好事近】

你探腔别乡亭，
相和诸君律令。

（夹白）面对“愚工蠢尺”，“止于吴中”之争；
惺惺，

研讨南词佳境。

脱庸病，

拔莠采英，

摸索着行腔不胫。

好事堂堂走近，

应是一支花翎。

魏良辅 **【前腔】**

正是寻梦集雅伶，

采集遗风古磬。

陆九畴 （插白）你穿越时空找到了风月散人，词出古韵？

魏良辅 （接唱）游访探胜，

借月悉心考订，

唯求字清腔纯板正。

戴梅川 何谓字清？

魏良辅 清者，咬字清楚细绵也；瞬出字头字腹字尾之音，吐气发声间藕断丝连，细微而妙曼，字中自有音色矣。

包郎郎 便是六百年后人所说的声母韵母，韵母又分单韵母复韵母，字头字腹字尾就在里面藏着。

季金波 咿呀，你个包酒壶倒是未卜先知了。

包郎郎 我有酒则知，无酒就不知。

张小泉 何谓腔纯？

魏良辅 能谐声律，追究平上去入，转音若丝，惟妙惟肖，缓引跌宕起伏而不平直。

包郎郎 不必多问，喝酒听唱吧。

魏良辅 （接唱）宫商协，

梳理南声，

洗乖戾遴遴选定。

张小泉 （插白）怎待北曲？

魏良辅 （接唱）移花接木，

弦和索定。

（夹白）融其刚硬赋其婉敏。那【五更引】便是了。

魏良辅 （合前）梦想入境，

好事又近。

（指谱介）你看那【小桃红】【后庭花】【四边静】诸曲均为元剧北曲移植而来。

戴梅川　真是苦心经营矣，慢慢来。

魏良辅　独木不成林，研曲还须诸位支撑呀。

【中吕·泣颜回】

昆腔品位隶正声，
还需磨砺转型。
吴雅歌净，
一洗粗野之鸣；
和谐吕律，
晴丝丝气息袅娉婷；
笛色清板则分明，
启唇齿水起风生。

曲改尊宫商，腔调分南北，然可协之可融之；亦可就地取材，提炼吴歌雅化小调，为吾大众小众共赏。

陆九畴　好，此话说得蛮有滋味。

陶九宫　良辅，你唱了半天，用的是什么音呀？可说个明白。

魏良辅　哎呀，失敬了；九宫师，可记得三年前的齐鲁会曲？

【前腔】

那年会曲齐鲁行，
昆腔失利便在语音。
吴侬软语，
确是妙曼好听；
若是拘泥，
受听人语意难省；
融吴侬洗入中州，
共倾听地广人荣。

我参用了中州音，与吴语彼此交融，南北均能享用，便可“走出吴中”了。古赋改制须是，北曲南移须是，小曲雅化须是。

陶九宫　何为中州音？

魏良辅　地分九州，东南西北中，各有所属，各有语音；中州之地，位于黄河以南，言者广，听者广，传者亦广，元剧北曲用之，吾亦可结合吴语用也。

陶九宫　你从何采来？

魏良辅　苏城商贸繁荣，广集南北商贾，交个豫鲁之友，便可得也。

陶九宫　哈哈哈，良辅欺吾也，怕是金屋藏娇吧？

魏良辅　金屋不藏娇，但多有指点。

陶九宫　见笑了。不过，中州之音吾怕讴不会。

魏良辅　客气了。陶叔当年如何叫吾学吴语的？（陶笑介）

陆九畴　这靡靡之音，我“娘娘腔”倒是配胃口的。

包郎郎　萝卜青菜，各有喜爱，打个“昆山官腔”不就得了？喝酒喝酒。（欲喝又停介）慢，（指介）那“金屋藏娇”来了。

［少琴携荷三娘上

荷三娘　**【商调·绕地游】**

桃源曲声，

将奴引得侧耳听，

盈盈步不请而胫。

奴晨播夕咏，

艰辛驰骋，

也应享受视唱点评。

［背景音乐：吴歌《行程调》

（对众）奴家唱的调门，诸位曲师可是知道。（外戴）不知曲牌，恰似乡俚行路调门。

荷三娘　正是，由魏先生将宋词【月池行】改制而成的。

魏良辅　惭愧惭愧。

戴梅川　好、好，节拍中足行有板，有风飘飘以吹衣之美。

张小泉　太雅了，只怕乡间小路走不好，误了耕耘工夫。

包郎郎　这倒也是，民间唱曲图个快活，慢慢唱慢慢走，快活不起来了。

魏良辅　各位曲师，这也不难，我们就按着三娘说过的两条腿走路行事便了，你们照样丝竹清商婚庆喜宴，尽享农家之乐，得个喜闻乐见之称；吾这里依旧五宫四调度曲，再改，改成个丝竹情调，与你们一起去唱堂会，博个高雅艺术之名，如何？

众　人　好也。

荷三娘　一个是下里巴人，一个是阳春白雪。

张小泉　你呢？

荷三娘　我？

少　琴　师娘不姓“夏”（下）也不姓“杨”（阳），是姓“荷”，应是荷塘莲馨。

【中吕·榴花泣】

阳春白雪夺先声，
风荷动桂枝馨。
巴人下里学黄莺，
古风散曲水磨成。

荷三娘　（接唱）冷梅菊影，
惜惺惺荷栽桃源境，

张小泉　（接唱）袅丝丝幽兰天庭。
绵声声短亭长亭。

［众称道笑介

张小泉　良辅，若是需要，吾助你，也师你。（拜介）

魏良辅　不敢不敢，张师，快起。（扶介）

张小泉　怎的不敢？能者为师；良辅可畏，吾师之也。

包郎郎　你这老张头，过去反对改曲最起劲，回过头来赞成又领先，好个东摇西晃的杨树头。罢了，你们行师徒之礼，我们喝酒以贺。

［众笑介，击节而饮而轮唱介，丑包笛介

【尾声】　（魏）足下起步千里行，
步不停柳暗花明，
应知天高地迥月未盈。
昨夜西风凋碧树，高楼欲上望天庭；
渐宽衣带喜而泪，汉子堂堂秋菊英。

（十）逗　　情

［初春；片玉茶馆

［余莲嫂（小旦）；尤渡（丑）；荷三娘（旦）

［余莲嫂收拾茶具介上

余莲嫂　【黄钟·传言玉女】

昨夜星消，
冷雨瘦风旧旋，
把窗户叮咚轻敲。
梦醒无依，
帐芙蓉鸡鸣待晓。
相思心苦，
不思梦缭。

（念）起早点燃老虎灶，茶客来时任笑嘲；落市便感两耳静，一群麻雀全飞了。

【仙吕入双调·嘉庆子】

人非草木情未少，
命苦命甜难自料。
虽说青裙布嫂，
不时髦，
也招摇；
莲一枝，
念奴娇。

尤　渡　（执扇上）哎呀，余莲嫂，你在想点啥价？

余莲嫂　你这油头，猛地里一叫，吓奴一跳。

尤　渡　看你低眉静思，定是在叹思妇之愁吧。

余莲嫂　你这油头，狗嘴里吐不出象牙；老娘顶多是个苏小娥。

尤　渡　苏小娥是哪位？哦，就是六百年以后那个乡村小戏《双推磨》里的小寡妇。（背景音乐锡剧【老黄调】，并示《双推磨》动作）那么我是何宜度了。余莲嫂，俚笃推俚笃的双推磨，吾俚烧吾俚的老虎灶；呃，不不不，我来帮你收拾茶壶茶盅残茶剩渣。

余莲嫂　好吧，让老娘坐着歇歇。（丑收拾介）

尤　渡　【仙吕入双调·尹令】

尤渡非为罗唣，
收拾浪行潦倒，
瞄准余家莲嫂。
泡水沏茶，

茶盖茶壶两镶牢。（不慎碎壶介）

哎呀，拆空老寿星。

余莲嫂　你看做事阿牢靠。

尤　渡　（合头）镶靠不牢，

唉唷唷，一只白脚花狸猫。

莫急，我赔你。

余莲嫂　赔？倒是有派头了。

尤　渡　尤渡一向有派头，赤膊结领带，赤脚着皂鞋，赤屁股穿长衫，赤贫做大爷。

余莲嫂　喔，你喝我的茶，老娘还记在账上呢。

尤　渡　余莲嫂，我这么亲热地称呼你，你哪能老是“老娘老娘”的？

余莲嫂　哪叫老娘哪哼叫倷叫老娘？

尤　渡　不要叫老娘，叫“奴家”，或者叫“奴奴”。

余莲嫂　喔吁，倷倒变得文绉绉起来哉；哪哼文起来的呀？

尤　渡　余莲嫂，是拍了水磨腔。

余莲嫂　啊咦，你会拍水磨腔？拍了会文绉绉？真是笑煞人。

尤　渡　曲能怡人，曲能诲人，曲能正人。这是吾家太仓从祖户侯过老先生叮嘱吾的，吾牢记不忘。

余莲嫂　曲能怡人，曲能诲人，曲能正人，说得蛮有道理，倒是不俗，奴家倒要见识见识。

尤　渡　说“奴家”了，你看你不也就文绉绉了。

【仙吕入双调·品令】

我岂是花狸白脚猫，
试学水磨谣。
腔声渐娇，
譬如柳絮飘；
入门入调，
也能过过招。
从祖教诲：
曲能教人正道；
尤渡自提耳铭，
欲上秦（情）楼莫浮躁。

余莲嫂　唉，尤渡，你也真唱得不赖呀。是从哪里学得的？

尤　渡　娄东拍曲名师过云适；且慢，你有所不知，过云适，呃，不，过先乃吾外婆家的本家，应称从外公者；且慢，你有所不知，过往之时我钻在四书五经，他教吾拍曲吾不学，少不更事失去时机也；后来，吾欲学而他不教也，说我五音不全，他老不通情也；且慢，今者经吾苦苦求拜，终于收吾为徒了；吾乃此举三思而行也。余莲嫂，吾学曲多半是为你呀。

余莲嫂　为奴？多谢抬举了。喔呀，娄东过拍先是你从外公，尤渡，倒是看不出你有这门高亲；唉吁喔，你有这丝人脉，可让魏先生与他一见？

尤　渡　哈哈，魏先生早就求教于他了，每有得必往咨之，称善才离去。

余莲嫂　噢，不善呢？

尤　渡　改，改善为止。

余莲嫂　好个魏先生。

尤　渡　怎的赞他了？他去探曲，你有所不知吧？

余莲嫂　怎的不知？去太仓都是告诉我的，只是细事不明，奴也不懂。

尤　渡　这叫隐私，你懂吗？呃，罢了；余莲嫂，吾家过先授曲可严呢。

余莲嫂　怎的严法？用戒尺打了？

尤　渡　呃不，诲吾学曲先做人。

余莲嫂　这我也懂，不做人，怎个唱出喜怒哀乐？

尤　渡　说得也对，但主要是端正品行，人有了品行，你余莲嫂也会喜欢。

余莲嫂　哪能又搭到我身上来哉？

尤　渡　吾就是要搭到你身上。

余莲嫂　那我就不跟你搭讪了。

尤　渡　呃，不不不，那吾说别的。过云适，呃不，吾家过师又赏吾一字，你可听乎？

余莲嫂　说吧。

尤　渡　一个“勤”字。

余莲嫂　好呀，一日之计在于晨，一年之计在于春，一生之计在于勤。

尤　渡　妙；故而吾想为你做茶馆义工，可否？

余莲嫂　（笑介）义工是不是就是店小二？好呀，可管饭。

尤　渡　有酒乎？

余莲嫂　酒？自备。

尤　渡　也罢；不过，吾勤了，人做正了，你、你可嫁给我。

余莲嫂　哎呀，你这油头又油舌了；不看看自己鼻梁涂白粉是啥个角色。

尤　渡　啊，这是我演戏行当的扮相，是靠它吃饭的；好，为了你，我擦去就是了。

余莲嫂　擦也无用，我心中已有人了。

尤　渡　谁个？

余莲嫂　拍曲的。

尤　渡　这个嘛，吾知了，可以竞争上岗嘛。俚还有那个唱曲的荷三娘呢。

余莲嫂　你这油头，倒会脚踩两只船，还说是正人了。

尤　渡　唉，不是的，我是说俚也在竞争上岗嘛。

余莲嫂　跟哪个竞争？

尤　渡　你真不知？嗨，俚才叫脚踩两只船呢。慢，别说了，那唱曲的来了，我帮倷收拾茶具去。（收拾介）

荷三娘　（抱琵琶念上、念）莫说春秋江上燕，过冬播曲看雪飘。有心作嫁同心缱，一段细弦两指挑。

【仙吕入双调·豆叶黄】

流眄水榭，
栏杆披绡。
顾影自怜小蛮腰，
鬓发青丝风挠。
操琴一路，
累意竟消；
引得知音贬褒，
引得知音贬褒，
度曲小楼，
走唱小桥。

这半月，为魏先生传曲好是辛苦；可是一回来，累意竟消了，好是奇怪。（背介）这尤渡怎的予余莲嫂洗壶擦座起来？还窃窃私语？呀，也是好事，余莲嫂心思转移，免得把个魏君牵扯不断。（对小旦介）呀，老板娘，你俩说得可亲热呀。

余莲嫂　（惊而复定介）不是我与油头亲热，俚要做店小二。

尤　渡　对对，你改曲我改行。
荷三娘　奴家便问你，魏先生可好？
尤　渡　你想他了？
荷三娘　正是，他去娄东顾曲去了？
尤　渡　你知道了还问啥价？
荷三娘　是奴心测着的；即使千里之外，魏先生的拍曲之声也能灌吾耳中。
尤　渡　能听千里之外？比顺风耳朵还厉害？是用了“微信”？
余莲嫂　你是顺风耳朵，奴是千里眼，奴看见魏先生在改乐器，快成功了；哪哼？荷三娘，你把心思放在唱曲上吧，不然，叫听众喝个倒彩饭碗也敲忒。
荷三娘　多谢。情到深处声自在，何须紫燕报春台。
余莲嫂　嘴上功夫你拿手，秋燕离巢空呢喃。
尤　渡　都为了那个唱曲的。说我脚踏两只船，偏是俚笃两个脚踩一只船。踩吧，这倒好，我可乘虚而入，有戏哉。（笑介）哈，哈哈哈，我要痛改前非，把鼻梁上的白粉擦个干干净净，清清爽爽，变成君子一个；目标：余莲嫂。

【仙吕入双调·六么令】

余莲也嫂，
马兰头开花老来俏，
欲将采摘莫浮躁。
心端正，
手勤劳，
为伊炼得无人恼，
为伊炼得众人笑。
茶细茗粗不在老，水硬水软任君聊；
捧壶润喉心自觉，雨前雨后皆逍遥。

（十一）流　寓

［初夏；娄东南码头小楼；樯帆影
［魏良辅（末）；少琴（转闺门旦）；荷三娘（旦）；过云适（外）；张野塘（生）
魏良辅　（上）

【南吕·一枝花】

卷帘江面景，
日照樯帆影。
舷平晨风轻，
舟子咏。
那里素描，
这里五音洗。
流寓一枝杏，
花落雀飞，
看我纳新求正。

[闺门旦少琴上茶上

少　琴　父亲，饮早茶。（末点头介，旦下）

魏良辅　（饮介）早茶润喉，不由我惦记起余莲嫂来了。流寓娄东一年有余，多时不照面，她可是好着？

【南吕·懒画眉】

清茗香茶杯中青，
好思余莲茶嫂情，
似盈还浅饮苦辛。
只因使命仍未竟，
又念着莲塘牵魂星。

唉，怎能一心挂两头？不必多言了，还是看看眼下风景。更喜娄东之地，拍手云集，名家可拾；多蒙良师过云适、曲友张新赐教，觅得新词五十九；又有户侯绍介，交北人善弦索者张野塘，愿为吾改制提琴，今前来谋面，吾自觉守候。（贴内呼：父亲，户侯老爹来了）好也，让我下楼迎去。（下）

[旦引过云适、张野塘背提琴上

过云适　**【南吕·满江红】**

娄水景明，
南码头处斯楼偏静。
虽简陋凉亭青杏，
可以心静；

张野塘　（接唱）更定乐池弦索骋，

南词水磨潜入胜。
户侯牵线野塘男，
创新颖。

魏良辅　（迎上）哎呀，户侯、野塘，有失远迎。

过云适　都说魏生十年守楼如一日，不敢打扰了，便直来了。

魏良辅　恩师取笑了，真的十年不下楼，不就不食人间烟火了？哪还有学你曲、听人讴、改吾谱之事？也见不到野塘之幸了。请两位辛苦上楼。（众笑介，上楼入座，旦上茶）

少　琴　户侯老爹请了，张曲师请了。

张野塘　谢小妹，野塘有礼了。（作揖介）

魏良辅　野塘不必客气。承蒙户侯引荐，得以听你三腔北曲，尽享苍凉摇扶之声，荡心也；又蒙户侯重视，密约他家合作改弦之事，真是不小心遇高手，上苍赐知音。

过云适　野塘，把改制的三弦交付先生看看，不知良辅中意否？

张野塘　（授弦介）请魏先生过目。

魏良辅　（接之抚摸介）好呀。

少　琴　这三弦不似琵琶，小巧玲珑，倒是新鲜。

魏良辅　这三弦本是杆长筒大，现在是弦杆短筒小，定是改制过的，怕是花了不少功夫？

张野塘　这倒是，还请教太仓乐师仲修杨先生，将红木杆换成花梨木的，花梨木性润，能吸音，音色也细柔，宜和南词；只是蟒皮不可得，将旧弦上的卸下换上了。

魏良辅　野塘，真是难为你了。

张野塘　呀，说不得。我张野塘本是北曲唱家，参惩豪富成囚人；三年苦役熬出狱，亏得户侯、先生器重，让我拍曲改器，如鱼得水，日子有了鲜活。谢先生知遇之恩还来不及呢。不知可与先生之笛合拍？

魏良辅　吾与你试之。（生弹三弦末吹笛试介）和也和也。

过云适　不妨试唱。

张野塘　听先生。（自拨唱、末和笛）

【北曲·新水令】

他乡知遇更弦索，

度新词南北相和。

沧桑岁月过，

莫名再蹉跎；

劲草婆娑，

弦索伴水磨。

过云适　好嗓子，响遏行云。

魏良辅　（释笛唱）

【仙吕入双调·步步娇】

北曲南词磨融和，

须是弦索佐；

声细气度粗，

将相娇娥，

琴颤笛簸。

器乐辟先河，

走出吴中天助成正果。

过云适　水磨味道了。

张野塘　**【北曲·雁儿落】**

南码头泛银波夏绿柳摩挲，

还觉那雁翎抖燕归窠。

忽然闻先生叫唤我，

招个手跑紧小颠簸。

过云适　少琴，你也唱个曲。

少　琴　听户侯老爹的。

【仙吕入双调·沉醉东风】

雁南飞折翎落舸，

不料里此处安妥。

过云适　好个声美也。

少　琴　（接唱）应知晓江暖，

自有水临坡，

即使凉秋残荷，

还留得住青黄一朵。

过云适　又是景美了。

少　琴　（接唱）何谓苦楚？
来者追可；
到时候一袭笠蓑，
桨声笛波，
又添青螺。
过云适　是情美了。
张野塘　**【北曲·得胜令】**
更弦索野塘起青禾，
振翮向天河。
过云适　好是乐道。
少　琴　（接唱）鸟瞰娄江道，
养颜玉山坡。
听歌，
点绛唇黛娇娥。
张野塘　（接唱）传歌，
集贤宾风雅多。
过云适　妙！三弦与竹笛，声色庆相和；更定三弦索，南北共婆娑。好音色好音色，改制成功了，哈哈哈。少琴，叫你师娘带上琵琶再来共奏一曲，走近天籁。
少　琴　知了。（下）
张野塘　先生，江南多丝竹，若是加入个提琴就更好了。
魏良辅　何为提琴？
张野塘　就是胡琴，此琴来自草原，为胡人所用，不必有俗见，引进了，便是吹、拉、弹、唱圆满组合，也把“陋习”渐改了。
魏良辅　可以一试。
过云适　借琴去。呀，荷三娘来了，我稍稍就来。（下）
［少琴引旦扮荷三娘抱琵琶上；相互问安介
荷三娘　魏君，叫奴弹的何曲？
魏良辅　是野塘为吾改制三弦，和了吾的笛声，甚喜；想配你的琵琶，可是更得妙音，请来一试，可乎？
荷三娘　呀，怎的这般客气。试弹哪曲？就试你改制的【小桃红】吧。
少　琴　师娘，这些日子得了你们的传承，吾也自会唱几句了。

荷三娘　少琴唱何曲子？

少　琴　师娘，小桃已红过，应是结果了。（众奏乐介）

荷三娘　**【仙吕入双调·忒忒令】**

小桃红东君奈何，
染香色谁家莲荷？
凭栏守信，
蝶离蜻蜓坐。
清秋节碧云天，
桂枝芗，
梦姮娥，
望相思星座。

（合头）多少梦，
曲为媒，
莫忘奴，
莲心苦，
恐相思无果。

张野塘　丽声荡音，正是水磨磨出来的。

魏良辅　也是三弦“弦”出来的，琵琶“琶”出来的。

荷三娘　也是曲笛“笛”出来的。

少　琴　三弦改了，你的词你的情也改了。为谁而改？

荷三娘　应景而改，非为谁而改。少琴说好，怕是收得了你的三分春心。

少　琴　师娘好会移花接木。（众笑介）

张野塘　先生，以我之见，乐音还不悠长，真的要是有个提琴就好了。

魏良辅　提琴不登大雅之堂，怕是……

张野塘　先生，恕我多言，丝竹之声亦为南声，不可弃之，必洗而用之，不妨试试。

魏良辅　好也，不过谁来试用？

过云适　难不成把老朽忘了！

魏良辅　啊，户侯多艺，惭愧惭愧。（作揖介）借胡琴来。（胡琴借到，授予户侯）

过云适　良辅说，“北曲之弦索，南曲之鼓板，犹方圆之资于规矩，其归重一也。拍乃曲之余，全在板眼分明。”这个道理，老朽也懂的。奏！

[合奏介

少　琴　**【前腔】**

问清波听莲赏荷；
风雨苦暗香浮舸。
载得腔格，
紫竹青笠蓑。
诚指望出吴中。
众乐师，
野塘哥，
待春风祝贺。

张野塘　多谢少琴。(拨弦唱)

【北曲·沽美酒】

俺野塘遭狱祸，
黄连树，
弹琴坐；
苦楚多，
竟坎坷知音助织如梭。
滴水情重情多，
常望北斗星座。
一遍遍改弦更索，
一声声提琴协和；
多为了字清腔圆板正，
凿一眼清泉涌渥。

荷三娘　**【仙吕入双调·好姐姐】**

好噢，
知情达礼，
真滋润可心可贺。
那茶芽茶朵，
清明看碧螺。
天也佐，
平沙落雁添琴座，

走出吴中胜数多。

张野塘　**【北曲·甜水令】**

莫说添琴一座，
俺野塘前行不惰；
哪怕推磨上坡。
心在索弦摩，
紧随着南声前辈娇娥，
敌吴月吴水吴戈。

魏良辅　哈，转型升级初见端倪。（轮唱）

【北曲·清江引】

试弦聚唱各自妥，
情寄开怀贺。
器配提琴吹拉歌，
更随鼓板磕，
如斯白酒一壶喉道过。
管笛笙琵相协和，吴俗敏妙更弦呵；
清纯正板为三绝，女织男耕亦可歌。

（十二）正　心

［初秋；片玉茶馆后水阁；

［余莲嫂（小旦）；尤渡（丑）；荷三娘（旦）

［内喊：尤渡，送水来。

［丑扮尤渡提壶上，对内：噢，来哉。（下）

［小旦扮余莲嫂上

余莲嫂　**【双调·金璁珑】**

如秋云似鬓，
小蒸暑气犹存，
江头燕去无巡。
守炉倚灶后，
凭抹一点愁痕，
说轻松乱纷纷。

魏先生多时不见了，不知他肚里如何盘算？梦断秋云水；醒时独守魂。恰如砻糠膛火熏熏，总怕是热水壶碰了冷毛巾，唉，可惜了颜未尽，风韵不逊。（见尤渡忙碌）这尤渡，一年来，提壶送水勿怕累，脱胎换骨变了样；倒叫我，喜愁不定，就为心中不消拍曲人。

【双调·锦堂月】

无意传鞶，
偏来盯紧，
无情独怕殷勤。
尤渡他曦月鸡鸣，
挑水江津，
跑堂事步轻汗淋，
还戏弄投壶洗粉。
应可论，
一纸破伞，
骨子无损。

也罢，牛吃稻柴鸭吃谷，各人头上一爿福。（下）

尤　渡　（挑水上，吃力介）

【双调·醉翁子】

忙尽，
叹一声汗流纷纷。
礼客待殷勤，
正经一本。
长进，
五指活灵，
服务言谕座上宾。
从祖训，
以曲正人，
其实聪敏。（放下桶，擦汗介）

蛮吃力咯，先让我松松筋骨。（伸腰介；进而演提壶技、演冲水技）乌龟爬门槛，但看此一番。（对台下）提壶冲水练技巧，本领阿大？

［小旦内呼：尤渡，你在做啥价？

尤　渡　（应介）呃，我在挑水。

余莲嫂　（上）茶客都散了。

尤　渡　都散了，都说我服务周到，空下来就去挑水。

余莲嫂　真个辛苦了。那我把你鼻梁上的白粉擦去一点。

尤　渡　谢余莲嫂。（小旦擦介）余莲嫂，可不要把我鼻梁擦扁了，将来亲嘴不成比例。

余莲嫂　又要油滑了。

尤　渡　那是迟早的事呀。

余莲嫂　那可不一定。

尤　渡　呀，你说把我鼻梁上的白粉擦干净了就嫁给我，现在擦去大半，眼看光明就在眉睫，怎的又说“那可不一定”？难不是你心中还吊着那个改曲的？他已一年不回了，怕是……

余莲嫂　你这乌鸦嘴，我把你的鼻梁涂上乌鸦的颜色。（取来柴灰涂丑鼻梁介）

尤　渡　哎呀，你这么一涂，我这一年不是白做老长工了？

余莲嫂　那你回去吧。

尤　渡　不不不，我要把你爱得死去活来，定将真爱进行到底。

余莲嫂　哎呀，这倒也让我心痛了；好个油头，我重将你的白粉擦去一点。（擦介）

[旦扮荷三娘上

【双调·金璁珑】

秋风不见紧，
燕声却已消逡，
奴是身楚楚曲巡巡。
曲余夜思静，
也有玉关之亲，
偷空时饮一樽。

（惊喜介）呀，好是个亲热呀。

余莲嫂　荷三娘，你不是说上娄东，怎的突然回来了？

荷三娘　不是突然回来，是传唱曲事回来。这片玉茶馆也是奴的一站呀。

余莲嫂　那真也是。三娘，出门唱曲唱得哪哼？

荷三娘　好也。

【双调·醉翁子】

听紧，
奴奴弄琵琶全堂寂静。
【集贤宾】绕梁，
珠滚玉润。
多隽，
叹【桂枝香】熏，
【雁过声】中秋菊新。
千灯秦峰书场，
一曲【懒画眉】，
惊喜煞书香门，
逗趣了玉扇裙；
说是凌波荷，
不染一尘，
迷曲也迷人。

余莲嫂　三娘，这回叫倷出尽风头了。

荷三娘　奴是台上人，魏先生是台后人；要说占尽风头，也是占了魏先生的光。

尤　渡　台上台后，两位一体，便是一个人。

余莲嫂　不用倷多嘴，阴阳怪气的，讲点正经的。

荷三娘　奴今天刚从娄东南码头试琴回来，魏先生向你问好呢。

余莲嫂　真的？那怎的不回来呀？

荷三娘　忙着学曲改曲呀。

尤　渡　一点工夫抽不出来？我看不妙。

余莲嫂　这改曲要改多少年月呀？

荷三娘　那是细活，顶真呢，一个音不纯就要重拍，一个字不正就要重讴，难呀。

余莲嫂　这我知道，你也是辛苦，人瘦了。

荷三娘　是个瘦呀，真是个衣带渐宽，为伊消得人憔悴，那人却在灯火阑珊处呀。

尤　渡　那你再去消呀，消得无影无踪，消出时间来，让我——

荷三娘　尤渡，吾知也，你放心你的事，也将你的事放心个有影有踪。咦，你鼻上白粉怎的少了？

尤　渡　嗨，这你不懂，这是我与余莲嫂的隐私。

荷三娘　隐私？你不说也罢，一说吾倒明白了；这是公开的秘密。

【双调·侥侥令】

鼻梁涂白粉，
插科打诨。
以曲正心听新闻，
奴醉解春风不笑人。

老板娘，这方法倒是个转型创新，有戏可做。好事好事。

余莲嫂　说奴好事？让你宽心。做好你的“卓嬢当垆”吧。（唤丑）尤渡，挑水去。

【前腔】

你巡腔无远近，
卖唱渡江津。
不失卓嬢当垆信，
奴是心里不甘也羡君。

唉，说它做啥呢。（对旦）三娘，少琴可好？

荷三娘　好，跟着奴传唱，唱工好多了；她念着你呢。

余莲嫂　那就好。三娘，你饿了，我给你做个点心去。（下）

荷三娘　谢余莲嫂。

尤　渡　我俩的事，魏先生可知道？

荷三娘　不知。

尤　渡　你去挑明了。

荷三娘　挑明？你倒聪明。可知否，这男女相好之事，应是磨炼于心，考察于行，否则便是空中楼阁水上浮萍；一个不小心，便是竹篮打水鸭吃砻糠。尤先生，你懂吗？（下）

尤　渡　（思介）这个么，即刻领教。

【尾声】

买唱人也是良心人，
油头更要的一本正经，
这才能好事好情喜临门。

得意春风各自珍，耕耘不忘惜春晨；

莲花不敌小荷绿，不怨蜻蜓不识人。

（十三）说　梦

［仲秋；娄江水榭；晓风残月

［荼莲嫂（小旦）；荷三娘（旦）

［余莲嫂上，倚栏望月介

余莲嫂　**【吴歌·月子弯弯】**

月子弯弯一叶舟，

榭栏独倚看江流；

有仙昨夜惊奴梦，

醒过平添三寸愁。

诺，是莲塘少琴的娘托梦予奴，谢奴这些年月照料他父女两人，又恳求奴让情予三娘，三娘与魏先生是同道同艺，有利于助魏先生走完改曲之路，倒也是说在点子上。难不是叫奴忍痛割爱了？先生与他亡妻恩爱如水乳，你们是知道的，又怕是个"气管炎"，此事怎的不听？唉，奴家担心的事终于发生了。难不是这梦当真？

【仙吕入双调·销金帐】

莲塘月瘦，

有妇依风走。

鬓如烟舒云袖，

称誉奴心善德修，

热肠忠厚，

譬如滴水，

滴水观音拂柳。

少琴如视亲母，

夫君当作知心友。

不似相思，

恰如半颗红豆。

这梦也奇怪，誉奴，劝奴，又是伤心奴，倒是道出奴的几多担忧。

【前腔】

梦中一宿，

毁誉相思豆。

屋檐水滴碎个茶壶漏。

汤婆子枉做媒婆信物，

白讴了吴歌醉酒，

三更鼓漏，

鼓漏道来守候。

不料霏霏雨雪，

雨雪不依杨柳。

这般思绪，

思绪一池好皱。

转眼想，三娘也是不易，三娘确是功不可没，三娘更能帮助魏先生成就改曲大业，奴也就忍痛割爱去吧。却是这般说，泪还流。（掩泣介）

【仙吕赚】

梦外泪流，

心如月子弯弯照九州。

饮无酒，

消愁借酒也无筹。

为君候，

寡居九载诚等候，

面对三秋也不愁。

千针走，

丝丝代绣莲塘藕，

难道嫩枝好绣，

老枝难绣？（叹泣介）

荷三娘 （上）

【南吕·懒画眉】

玉兔蟾宫载梦游，

奴与魏君竹笛琵琶在绿洲；

恰似嫦娥仙子送红球，

裙钗俊彦携双手，

花好月圆荡桂舟。

哎嘘，真是天作之合。片刻前奴与魏君梦里喜结连理，好是喜悦，再也无可入寐，便走上水榭望月思梦了。（惊介）呀，怎的有微微抽泣之声？让奴前去一探。呀，是余莲嫂。（问介）余莲嫂，你怎的在此抽泣？

余莲嫂　（旁白）俚哪能也来哉？不能让俚知情。（掩饰介）是想到少琴多日不来看奴，心里冷清了，就泣出了几声。你怎的也不睡？

荷三娘　好梦入梦，睡醒了。

余莲嫂　怎的好梦？

荷三娘　**【前腔】**

如花好梦在枕帱，
奴与魏君相伴相讴递酒筹；
天公作合送亲眸，
一宵凤烛听更漏，
这是未雨先缪喜讯投。

余莲嫂　（旁惊介）这么巧，也是一个梦，俚是好梦，奴是歹梦；俚是梦合，奴是梦离，果真是天命了。（问介）果真是鸳鸯之梦？

荷三娘　果真是凤鸾之梦。

余莲嫂　梦外呢？

荷三娘　梦外如梦中。

余莲嫂　哎哟，我的老天爷！（问介）魏先生可是开心？

荷三娘　叩拜天地，共进洞房，喜气洋洋，开心着呢。

余莲嫂　那奴家向三娘道喜了。

荷三娘　余莲嫂，谢你了，不过，那毕竟是梦呢。

余莲嫂　但愿梦想成真。

荷三娘　啊，余莲嫂，你、你这话当真？

余莲嫂　当真。

荷三娘　不妒？

余莲嫂　妒？茶壶嘴小肚量大。

【南吕·一江风】

你走野畴，
金口传新奏；
奴自问不能够，

只会茶壶盖，

拍个九州。

你富贵勿求，

德艺坦然修。

荷三娘　（接唱）你也是荷馨莲塘藕。

荷馨莲塘藕。

余莲嫂　奴妒也不妒？不妒也妒。

（接唱）茶壶虽大肚，

嘴小泪还流。

荷三娘　余莲嫂，你这一说，奴家也要流泪了。

【前腔】

凭栏眸，

月色朦胧透，

泪沾罗衣袖。

怎自惆？

曾经吃醋争风，

恬不知羞，

但愿载舟走。

你这青莲秀仲秋，

青莲秀仲秋；

再能听雎鸠，

再去撷红豆。

余莲嫂　（笑介）再听雎鸠，再撷红豆？还要再插新柳呢。荷三娘，牛吃稻草鸭吃谷，各人头上一爿福，吾认命了。有米勿怕晚夜饭，奴倒要挑挑拣拣呢。

荷三娘　那尤渡便是“关关雎鸠”，如何？

余莲嫂　奴不是红豆。

荷三娘　尤渡学了曲，静心求正，手勤力勤，成了君子，向你多有好逑。

余莲嫂　这奴知道。

【南吕·红纳袄】

伲原先折扇摇荡袖游，

一壶茶孵半昼。

油嘴滑舌多挑逗，
里弄街坊横点头。
自学讴做帮手，
重殷勤少轻浮。
换季花仙蝶诱蜂引也，
朽木能雕庙可修。

这人嘛，是会变的，哎呀。（吐气介）

荷三娘　呀，余莲嫂，你生气了？

余莲嫂　奴不生气，奴要争气；奴要那尤渡的“油”跟着娄水都游走，平平淡淡过日子。

荷三娘　平平淡淡才是真，好。

余莲嫂　三娘，那晓风好是清新，那残月好是宁静，日子总是要过的，我们进屋做梦去吧。

【尾声】　（旦）月钩钩柳照九州，
喜和愁伴人相走，
（小旦）愁到深时愁不愁。
南柯一梦始于昼，玉兔行空莫逗鸠；
女子痴情深似海，梦非梦是皆为逑。

（十四）互　媒

［初秋；片玉茶馆临江水榭

［余莲嫂（小旦）；尤渡（丑）；魏良辅（末）；少琴（贴旦）；荷三娘（旦）；陶九宫（副末）

［小旦提篮倒茶渣介

余莲嫂　**【引子·越调·杏花村】**
桃源小院听弦管，
猛拎清新曲如仙；
泡茶煮水一招鲜，
怎比得袅娜飞天。

前日里听了众乐师试琴，真个似听了仙乐一般，吹拉弹唱，好听得不得了，自叹不如。更见那三娘五音绕指全绕在那“的笃板”

身上，叫我哪能比得？再说，那莲塘亡魂昨夜又托梦于奴，梦奴与尤渡相好了，免得再去伤了别人的好事；醒来真是辛酸。唉，有情无缘呀，就照那莲塘梦魂去办吧，成全别人，也就免得苦了自己。

【越调·小桃红】

依稀别梦在眼前，
梳理愁云乱［也］。
缘凭谁，
这般清醒却懵玄？
虽是无嗔怨，
为了莲塘愿，
早日圆；
不须说，
奴这莲芯煎［也］。
纵然像月子弯弯，
也莫让泪垂腮，
好心情海天宽。

倒是想那少琴也已是花季了，不可误了时光，奴倒像做娘的惦记。哎呀，那善弹弦索的张野塘也正风茂，对魏先生改曲有功，奴何不去成全了？也是郎才女貌天生的一对，是呀，奴去媒她，哪哼？为了改曲，应是好事。不知她中意否？（丑扮尤渡执壶上，听介）梦残梦断梦总牵，只因梦断情难断。

尤　渡　余莲嫂，你要给少琴做媒人？

余莲嫂　你怎的偷听我的说话？奴去做媒呀，也是太平一醉呀。

尤　渡　哎呀，我与你的事还没圆满，哪能去管别人的事。

余莲嫂　知了。你鼻子上的白粉还没擦光呢。

尤　渡　那你擦呀。今天表现很好，除了常规工作，还揩了窗淘了米。

余莲嫂　哎呀，啥人叫你淘米呀？中上吃青菜下面条呀。

尤　渡　哎哟，画蛇添足了；会不会扣分？（旁白）倒像醉驾碰上交警。

余莲嫂　分不扣，鼻子上的白粉要加抹的。

尤　渡　你给我擦擦抹抹，我这鼻上的白粉何时擦光呀？

【越调·下山虎】

我这鼻梁粉白，
扮相使然；
插科打诨转，
说唱逗噱。
今刻为你忍痛割颜，
因心不偏，
结蒂归根诚又虔。
那日桃源宴，
众人前和管弦，
小试穿杨箭，
拍唱缠绵，
也赞你插座牛粪一朵莲。

余莲嫂　牛粪一朵莲？又叫你油嘴了。

尤　渡　不是油嘴，这叫反衬法，反衬你的好，你倒是怎的又变调了？

余莲嫂　这尤渡真个上心思了，让奴慰他几句。尤渡，喝了新鲜茶，不说隔夜话。奴问倷，魏先生的新腔倷阿在唱价？

尤　渡　唱，夜夜唱，不然怎的在桃源小院里唱得如此和顺，叫曲师们称好？不信你再听：

【越调·五般宜】

初更月照清池扇摇旧垣，
醮鼓听运丹田启唇吐喧。
二更月讴曲为红颜，
清风知耻尚泉清廉。
一腔心坦，
二拍性虔，
那三板知礼尊贤，
三更莲陪枕眠。

余莲嫂　（旁白）陪枕眠？虽是油嘴，倒也真切；奴就明白应了他，免得枉费他一番苦心。让奴再问他几句。尤渡，我是个寡妇，今日生情，只怕你往后把奴弃了。

尤　渡　莫怕莫怕，我是一竿篙子插到底，任它水急浪高不漂离；更不会去养那“小三”。

余莲嫂　“小三”？只怕你也养不起。你就不怕奴弃了你，炒你的鱿鱼？

尤　渡　也不怕。你是一棵茶树有根底，不会任风移东西。

余莲嫂　那奴就嫁你。

尤　渡　好也，那你把我鼻上白粉擦净了。

余莲嫂　不擦了。

尤　渡　为何？

余莲嫂　奴要你唱曲呢；擦了你的白粉，唱戏就不热闹了。（两人调笑介）

［魏良辅悄然上

魏良辅　**【引子·越调·杏花村】**

梦中梦外莲塘劝，
曲改成劝续凤鸾。
重情重艺论长短，
任君选夏荷秋莲。

虽是阴阳两隔，莲塘情深，亡妻的话是不能不听的；夏荷秋莲，说得好是明白，可是叫吾怎的选？都是情重之人。呀，还说个“重情重艺论长短”，这、这、这个“艺”字又是四两拨千斤呀；怎么是好？（隔窗听介）怎的余莲嫂与尤渡在调笑？

余莲嫂　**【越调·五韵美】**

那天试琴弦，
桃源苑，
莺歌燕舞风吹乱，
你摇扇小唱几人赞。

尤　渡　（接唱）叫人回味，
白粱面一招丑鲜。

余莲嫂　（接唱）多弄曲多行善，
永婵娟。

尤　渡　（接唱）是教诲一片真言，
情长意远。

你这一说，我觉得你人美心美话也美，美上加美；你的话尤渡照办；为了唱戏，鼻头上的白粉在下不擦了，你放心。

魏良辅　是在讨论曲艺，好是个有心人。（进门介）余莲嫂，你们是又做茶

博士又做拍先了？好新鲜呀，吾是高兴。

余莲嫂　呀，魏先生，都叫你听见了。

魏良辅　听见了，好是新鲜。

尤　渡　真是听见了？

魏良辅　真是听见了。

尤　渡　听见了就好。

魏良辅　是好是好。

尤　渡　是真的好？

魏良辅　真的好。

尤　渡　不假。

魏良辅　不假。

余莲嫂　魏先生，真是对不起。

魏良辅　怎的是对不起？

余莲嫂　这……

尤　渡　魏先生，余莲嫂答应嫁给我了。

魏良辅　啊呀。（惊介）怎的是这事？

尤　渡　就是这事，你不要不开心。

魏良辅　呀，昨夜亡妻托梦之事，此刻正想来询问，却已是应验了；叫我怎的说呀？

【越调·忆多娇】

这玄机，
如雾漫，
妻魂梦游乱也然。

余莲嫂　怎的也是一梦？

尤　渡　这是天意，不可逆转。

魏良辅　（接唱）你为我误了自家青涩年。

尤　渡　猫哭老鼠假慈悲。

余莲嫂　不许你乱讲。

魏良辅　这些年来，你余莲嫂待我是研墨举毫可圈可点；我却是埋案曲腔步履蹒跚，连连失去机会。

（接唱）情觅何堪？
情觅何堪？

感叹权当涌泉。

尤　渡　这叫有心栽花花不开，无心插柳柳成行。哎呀，又说漏了嘴；那插柳也得有心呀。

余莲嫂　这就说对了。

尤　渡　看余莲嫂疼我了。

余莲嫂　不是疼你，无丑不成戏，戏台上少不了你；不然，台上的没了生气，台下的没了热气，卖票的没了底气。

魏良辅　说得好，也是一种敬业。

余莲嫂　魏先生，过去的就让它过去吧，戏总是要唱下去。你那荷三娘可对你好？

魏良辅　好。

余莲嫂　好就好，都有了归宿。

尤　渡　这叫一个萝卜一个坑，一把钥匙一把锁。

余莲嫂　你度曲俚拍曲，这是志趣相投，良禽择木而栖。

尤　渡　哎呀，你倒说得比我文绉绉了。

魏良辅　余莲嫂，你这一说，吾倍觉愧对你了。其实，我的成功也有你的一半。

余莲嫂　你的成功里面有我的一半？知了就好，奴也心满意足了。（激动而泪介）只是有一事要你应奴。

魏良辅　你说。

余莲嫂　奴说少琴不小了，若是找婆家，奴要做主一半。

魏良辅　好也，你把少琴当亲生，吾信你，你做主就是了。你可有方向？

余莲嫂　有呀：

【前腔】

千里缘，
无须牵；
身边有个弦索男。

魏良辅　知了，你说的是张野塘。

（接唱）他貌俊才高心地宽，
择婿称贤；
择婿称贤，
龙骑金兰玉鞍。

尤　渡　若是事成了，三支并蒂莲，好戏连台演。（三人喜介）

魏良辅　余莲嫂，这少琴的婚事你做主，那媒人呢？难不成让为父来做？

余莲嫂　叫尤渡做吧，让他担担肩胛。

尤　渡　也司。

余莲嫂　你与三娘的媒人由奴来做。

［荷三娘并陶九宫诸位曲师悄然上

荷三娘　好也，那你与尤渡的媒人由奴来做了。

陶九宫　余莲嫂，可是满意？

余莲嫂　满意。

尤　渡　OK。这叫茶水琴曲，互情为媒。

魏良辅　待改曲全线收兵，我们成立一个曲班。

荷三娘　取名“片玉坊尚泉昆班”。

尤　渡　好事连三，趁这光景，自娱自乐，演个《坐花轿》，哪哼？

余莲嫂　你这尤渡又急了。要奴说，明媒正娶，坐花轿不到时候，来个《荡湖船》喜庆喜庆便了。

尤　渡　对，娘子高明。《荡湖船》也叫《荡荷船》，三娘姓荷，娘子名莲，少琴是野塘出芙蓉，都是一样的种，这《荡荷船》好。

陶九宫　这叫“三枝并蒂莲，一曲水磨调”。

余莲嫂　好呀，女眷坐船采菱，男子执桨划水，其余吹拉弹唱。

荷三娘　好也，茶嫂当导演了。

尤　渡　各就位，奏乐，起跳！

［奏乐；众人按角色表演昆山民间舞蹈《荡湖船》介；内唱《吴歌》

江南可采莲，
莲子青如许；
问女何采先，
纤纤指岸边。

【尾声】（余）梦里莲塘一线牵，
（荷）哪知道三场姻缘，
（尤）道是无缘却如愿。

木瓜琼琚相投传，弦上知音索上缘；
花遇春时由蝶恋，人逢情处透心虔。

（十五）曲　会

［中秋；姑苏虎丘；月明。

［魏良辅（末）；荷三娘（闺门旦）；少琴（贴旦）；张野塘（生）；尤渡（丑）；

［尚泉昆班众乐师

［唐寅（末）；祝允明（外丑）；秋香（旦）

［乐声中，几家曲班歌舞过场

［唐寅携祝允明、秋香上

唐　寅　**【引子·正宫·燕归梁】**

月照吴山香桂枝，
灯影动，
彩云迷。
丽莺啼燕随依依，
流连处，
不须归。

（念）明月几时有，把酒问青天，不知地上灯彩，今夕为何繁？

祝允明　今夕中秋节，虎丘赏曲欢。

秋　香　但愿曲长久，千里共婵娟。

唐　寅　哈哈哈，好个一年一度虎丘曲会。

【正宫·普天乐】

千人石上歌辞媚，
能讴善赏听滋味。（听介）
这声口快活淋漓，
可惜了平直蛮气。

祝允明　唉，改不了的愚人蠢工，失笑也。

唐　寅　（接唱）那个听水亭转音若丝，
诉倾来好飘逸。
如妲娥拂袖云飞，
似洛神升空水起，
又渔叟冷雨蓑笠。

祝允明　果然是不一般，是哪家的乐班如此曼妙？让吾细细听之。（听介）

（背景音乐：【雁过声】）那吐字，被风飘荡了，还是个清；这唱腔，被树摇扰了，还是个圆；那拍板，被石壁遮掩了，还是个正。这正是“众里寻伊千百度，蓦然回首，那人却在灯火阑珊处”。倒叫吾触景伤情了，耐不住讴它几句。

【正宫·雁过声】

心怡，
似玉珠玉蕊，
黄鹂啼雨洇翠微。
情深情浅声声靡，
说刚柔也凄迷，
绕音磁月醉花痴。
弦旖箫笛旋，
浣纱溪里思君泪，
滴潮陌上采桑妹。

唐　寅　**【正宫·倾杯序】**

迷兮，
教坊女也差池，
国色天香味。
字吐游丝，
声啭流丽；
笛管笙琶，
优雅风靡。
哪来妙曼吴韵，
洗漱愚昧，
沁吾心扉，
把仲秋虎丘曲会点痴迷。

以笛作主奏，助以弦索琵琶提琴笙阮相协和，殊为好听，达敏妙之享也。秋香，你可与之匹敌，也讴一个？

秋　香　听命就是了。

【正宫·小桃红】

秋水静伊人泪，
眉浅黛琵琶倚。

冰轮碧落懒相思，
谁家灯火卷帘起，
紫箫一管心如织，
乱兮兮弦短声迷。

讴的如何？

祝允明　乃为你家相公之小令，艳也；讴声里却带些许乡气，怕是不如。

秋　香　秋香岂能少了香气？

祝允明　此“乡”不是那“香”。走吧。

[三人舞步下；片玉坊尚泉昆班上

少　琴　**【引子·商调·绕地游】**

姑苏蟾桂，
俯首山塘尾，
徘徊几剑池梦耻。
西施献媚，
子胥悬髻，
待悔时水呜蛩凄。

（内呼）好也。

尤　渡　（报介）唱的是西施，讴者野塘妻。

荷三娘　**【仙吕入双调·步步娇】**

倒是苎萝魂葩慰，
多说保家院。
那黛眉取宠姿，
结缘乡关，
牵衣知己。
一曲浣纱溪；
忍辱心无愧。

（内呼）好也。

尤　渡　（报介）唱的是西施为国献身，心正无愧。魏少琴唱功好比嫦娥落九天。

[唐寅、祝允明、秋香复上，听介

张野塘　**【仙吕·醉扶归】**

会稽饮别一盅耻，

卧薪尝胆也反思。
强兵富国应为师，
善近良将复仁义，
周旋强敌备甲盔，
山河归同济。

（内呼）又是一副金嗓子。

祝允明　好戏连台，博得众人欢，哈哈哈，好个越王勾践，倒也愁肠百结换来扬眉吐气。

［魏良辅扮范蠡与荷三娘扮西施划舟上

魏良辅　**【商调·皂罗袍】**
饮月泛舟妩媚，
远离那功利地，
应知鸟尽弓遗。
江山收拾臣僚摧，
不如抱得美人归。

荷三娘　（接唱）湖光一苇，
别眸浣溪。

魏良辅　（接唱）一样的情天意石，
何以不移？
（合唱）君不见春江水暖东流逝。

唐　寅　好一个“情天意石”！荡人心弦，绵绵绕梁，绝非戏场声口，天籁也。

尤　渡　非是天上来，水磨磨出来的。

祝允明　声则刚柔相济，音则缠绵流丽，腔则圆润清纯。

尤　渡　那板呢？

祝允明　板按速而下，慢板、中板、快板、散板，或赠板，或一板三眼，或一板一眼，或带赠板，快则若流水有板无眼自由散板，统制讴吟行腔；细听而辨，随字而下迎头板，随腔而下是彻板，腔尽而下为决板，板眼分明，一个字：正。

尤　渡　好了好了，说个不断，像开机关枪；我问你，那词呢？

祝允明　一个字：雅。

尤　渡　那腔呢？

祝允明　一个字：纯。

尤　渡　那器乐呢。

合　　　一个字：美。

尤　渡　这老儿，看你眼睛不仔细，耳朵倒灵，怕是个行家里手？

祝允明　（笑介）哈哈哈。

秋　香　你这丑儿，有眼不识泰山，你知道他为何人？他是大名鼎鼎的——

魏良辅　姑苏顾曲名家祝先祝允明。在下失礼了。（打拱介）

祝允明　（取放大镜照末介）你是——

魏良辅　昆山片玉坊尚泉昆班拍先魏良辅。

祝允明　呀，久闻大名，方始一见，失敬了。

魏良辅　多多赐教。

祝允明　尚泉昆班上上者也。字洗乖声，别开堂奥，调用水磨，拍捱冷板皆音律，泛艳旧声皆腔格；器改旧习，曲笛作主奏，丰满弦索声，始备众乐器；北曲南讴，互济刚柔，口中袅娜，指上圆熟，声色若飞也。哈哈哈，不言而足，不言而足也。

魏良辅　比之与那几家曲班可有胜数？

祝允明　胜而又胜，无可匹敌，可得“梅花奖”；老夫也自知不如。

魏良辅　你也在改曲？

祝允明　改，都在改，闭门造车而已，惭愧惭愧。尚泉班可以走出吴中了。

魏良辅　啊呀，好一个“走出吴中”，一言定军山。啊呀呀——（激动而泣介）

【仙吕入双调·好姐姐】

痴迷，
一言怡颐，
难因是苍天恩赐？

（夹白）“走出吴中”，那是十年一梦呀。

守贫坚志，
兼程风雨催。
终无悔，
十年一剑尚泉泪，
滴得风水轮流驰。

张野塘、少琴

（合尾）从头越，

幽兰空谷真善美，

俏丽莲花又并蒂。

是喜，是泪？哈哈哈。（众庆贺介）

祝允明　良辅，如此拍捱，美妙绝伦，就其曲词，做个南戏，名曰《西施记》，倒是叫座。

魏良辅　告知祝先，吾的弟子梁伯龙正在构想。刚才所唱便是构想之辞。

祝允明　哈哈，英雄所见不谋而合。妙哉，尚泉班名垂史册也。

【尾声】（唐）水磨尚泉耳目洗，

（祝）收拾起走出吴地，

（尤）呵嗨，不提防拍曲洗尽泥土气。

海棠月上玉枝低，雁过声时不见凄；

听水亭边新水令，愚工雅士浣纱溪。

2014 年 5 月 4 日完稿三十出

2015 年 6 月 17 日修订十八出

2016 年 3 月 15 日定稿十五出

写于玉山小桃园

项脊轩

庭有枇杷树，吾妻死之年所手植也，今已亭亭如盖矣。

——归有光《项脊轩志》

剧情梗概

归有光为明代昆山人，文学家、教育家，史称“明文第一”。他的《项脊轩志》用淡淡笔墨写出了人情、亲情、物情和思情，脍炙人口，传诵至今。本传奇是根据他的人生经历编写，其梗概如下。

归有光第三次乡试落榜乘船归来，很是不爽，尤觉对不起家妻；舟子笑他迂腐。更有前世冤家汪守庐鸣锣喝倒彩，将他气得心灰意冷。家妻魏氏贤惠，焚香祭“状元石”，祝愿夫君前程，使项脊轩又起书声。过后，归有光苦读慧聚寺，表弟夏怀竹来看望他。夏怀竹喜曲，归有光劝他读书，不要与汪守庐轧道唱曲，以免坏了家风。夏怀竹不从，归有光有点生气。

归有光因儿死而气急患上咳病，清贫少药资，魏氏采枇杷花熬药以治，遇汪守庐被嘲，也得知两家宿怨之故，魏氏以礼相劝，汪守庐受劝，并帮助采花。魏氏熬药伺汤，归有光咳止，欣喜，赞妻，并得知汪守庐助采之举，也被感动，称汪是好人。汪知道后也蛮开心，说归门懂礼仪。

不料魏氏也得咳病，归有光反过来为她采枇杷花，又得到夏怀竹、汪守庐热心帮助，很是感叹：孔门外还有天地。可惜之后魏氏暴病而亡，归有光痛心万分。“头七”祭灵，悲极入梦，与妻魂倾诉亲情、悲情和思情，并于庭中种植枇杷树一株，以寄相思之情。

为了生计，归有光坐馆授徒，在悲痛中获得安宁和乐趣。主人劝他放弃科举从教，归有光想到妻子的心愿，不从。后终于如愿以偿，六十为官，却已鬓霜。勤政中乡愁绵绵，寄望项脊轩。

时　间　明代嘉靖年间。

人　物　归有光（生）　29岁，明代大文学家，18岁作《项脊轩志》，30岁续作其志，流传于世。

魏　氏（旦）　24岁，归有光妻。

寒　花（贴）　10余岁，归妻随嫁婢女。

夏　焕（小生）　23岁，号怀竹，归有光表弟，喜昆曲。

汪守庐（外丑）　50岁，坐家道士，善拍昆曲。

陈仲德（末）　50岁，地方绅士。

（一）落　榜

［秋江上

［归有光（生）；舟子（外）

［归有光乘舟上；舟子把橹

归有光　**【引子·唐多令】**

吴淞望玉峰，
娄江映碧穹。
桨橹欸乃一塘风，
家舍渐来心思重，
雁声过叹无穷。

（念）玉山碧水行匆匆，书生秀才二头空。（白）某昆山儒生归有光是也，今日赴宁秋试回来，只因又是榜上无名，虽是秋高气爽，却是开怀不起。不知家人怎个滋味？

归有光　**【商调·山坡羊】**

怯生生惭容心痛，
苦呖呖黄连琴弄；
乱丝丝蜘网绾胸，
叹前程叶落秋风重。

（夹白）想夫人为吾赶考，她日操家务夜乳童，青鬓抽丝付春容；项脊轩中萤烛读，隔窗陪夫未入梦。唉……

（接唱）望眼东，
风撩鬓发蓬；

归舟空载落第种，
逆浪偏打折楫翁。
平庸，七分在命中；
嘲讽，三分在耳中。

（白）唉，想我饱读经史子集，家养有素，文章斐然，桃李缀枝，却是三试不第，命不济也。猛然间忽闻大母呼声：“吾家读书久不效，儿之成，则可待乎！”好是辛酸。

舟　子　归先生，不必难过，天下三百六十行，行行出状元，何必痛心痛肺呢？

归有光　舟子，你怎知读书人的心思？

舟　子　哈哈哈，说不知，也有略知，无非是“朝为田舍郎，暮登天子堂”而已。

归有光　惭愧惭愧。

舟　子　登天子堂可是要有天象的。

归有光　惭愧惭愧。

舟　子　昆山头炮状元公石浦卫泾就是文曲星下凡。那年会试，玉山上空出现太白星宿，人说昆山必出状元，果然。你可有此种迹象？

归有光　惭愧惭愧。母亲怀胎时家院多出彩虹，故取名有光。

舟　子　这倒也是吉祥。不过，衣锦还乡这条路不是好走的。

归有光　惭愧惭愧。

舟　子　你教教书不是蛮好嘛？孔夫子也是教书的，不也名垂青史变了圣人了？

归有光　惭愧惭愧。

舟　子　你把“惭愧惭愧”当作吃粥菜了。

归有光　惭愧惭愧。

舟　子　哈哈哈，好个读书人，迂腐。读书人，小西门快到了。

归有光　过了小西门，便是宣化坊了。“近乡情更怯，不敢问来人。”

舟　子　这个心态，床底下放鹞子：大高而不妙。

【尾声】

落第儒生回家恐，
说“惭愧”随口而动，
（归）说梦也真迷雾浓。

千里一条桥独木，不在岸边在屋中；
科举之行启半步，几多烛影诉朦胧。

（二）锣　嘲

［秋日下；宣化坊路口

［夏怀竹（小生）；汪守庐（丑）

夏怀竹　（执笛上）（念）生性偏动懒得静，人说一只跳蹦虫；蒹葭苍苍新沾露，江岸竹笛钓秋风。（白）在下夏焕，先祖父夏昶画竹名家，故自号怀竹，以示心念，还为品荣；你看，吾这手中之物也是竹做的，可见不但心念，而且手念，还要嘴念呢：到娄江边上吹笛去。

【仙吕入双调·忒忒令】

碧澄澄秋香桂簪，
凉爽爽秋朗云锦。
披风移步，
踏歌秋江吟。
我是书斋里座常空，
笛一支，好声音，
让秋蝉若噤。

［欲下

［丑扮汪守庐敲云锣上

汪守庐　中举、中举了，街坊邻居，告诉诸位一个好消息，归家归公子归有光第三次赴宁乡试高中举人，我汪守庐鸣锣报喜。（倒行介，夏倒行上；两相碰介；互相责怪介）

汪守庐　哎呀，你夏公子怎的不生眼睛？

夏怀竹　哎呀，你自己眼望陆家浜，倒是怪起我来了。汪守庐，你凭空敲锣为哪般？

汪守庐　你还不知？你家表兄归有光中举了。

夏怀竹　中举了，果真中举了？

汪守庐　果真中举了。

夏怀竹　不假？

汪守庐　哪会假？

夏怀竹　那吾不到江边吹笛了。

汪守庐　为何不吹笛了？

夏怀竹　到宣化坊去向表兄道个喜呀。

汪守庐　道个喜？俚平时骂你游手好闲没出息，倷倒去道喜？

夏怀竹　这个么，骂归骂，道归道，这是两码事。（下）

汪守庐　戆肚包，倷当是真的中举了？我是嘲他，出我心中一块恶气。

【仙吕入双调·沉醉东风】

我祖翁缺粮少衾，
为归府守庐庇荫；
只因贪杯酒砍茔林，
被炒鱿鱼，
差一点官司降临。

（夹白）从此下岗失业，漂泊无踪；传到吾辈，还是做做临时工。

为富不仁痛人心。

（接唱）而今你三赴试场，
黄粱一枕；
我堂锣敲紧，
嘲他一襟。

[敲锣呐喊介

归公子归书生归秀才归有光中举了！
你从桥上看桃林，我在桥边弄五音；
桃客桃花如不配，春风过处怎操琴？

（三）祭　石

[秋月下；归家庭院

[魏氏（旦）；寒花（贴旦）

[寒花执香烛上

【引子·夜游宫】

月洒秋庭蛩叹，
步姗姗祭石祈天。
夫人意愿，

须作宽诠；
长案前，
香炉备，
气度虔。

［整理香案介

［旦扮魏氏上

魏　氏　（念）项脊轩外，垣墙周庭；万籁有韵，庭阶寂寂；明月半墙，桂影斑驳，风移影动，姗姗可爱。今却心不予景。

【南吕·懒画眉】

项脊轩中罢歌弦，
落叶西风睡不眠，
几多心事一线牵。
夫妻本是并蒂莲，
欲将芳心祭石仙。

夫君乡试落第，心中不爽；又遇怀竹匆忙贺喜，为他喝了一个倒彩，便是更添愁肠百结，书也读不下去了。经奴家劝说一番，方才平息下来。顷月色清丽，悄悄为他祭石，以博上苍灵赐，助吾夫君科运。庭中宝石非同寻常，乃乡里头名状元卫泾之家宝，名曰“秦国公石”，夫君为之久仰久觅而得之，甚爱之，甚敬之，甚望之，与之朝夕相处，以其励志。你看，这奇石如一老人在替天问道，令人敬畏。

【前腔】

他襟袖飘卷拱手延，
天地胸怀气势漫，
晶莹浑是出天然。
功德心照无言观，

（夹白）细细察之，肩上隐蛙观天听地，若是雨从天降，

（接唱）雨里蛙鸣“报国篇”。

这也是夫君心怀之志。寒花，上香，祭秦国公石便是了。

寒　花　是。（上香祭介）

魏　氏　月色多好，正是好时辰。寒花，你看香烟袅绕，好似系着那天宫云霓，真是吉祥。

寒　花　太太心地善良，上苍定会感应。

魏　氏　也是石仙为夫君寄情。

【商调·集贤宾】

头炷香琼轮皎皎星汉浅，
望鹊渡仙媛。
想当初文曲星辰玉峰显，
状元公得道金銮。
奴家夫君临盆出灿，
凭天象皆缘峨冠。
天运转，
百尺竿头如愿。

天信地信，奴信；寒花，你可信？

寒　花　太太祈的真是，寒花信。

魏　氏　**【商调·啭林莺】**

二炷香姮娥静思青鸟远，
寒宫拂袖无弦。
想当初庙中求签知勤勉，
状元公砚冷毫寒。
奴家夫君三更烛短，
寄厚望深轩仰偃，
读书翰，
粗茶淡饭终见青天。

天信地信，奴信；寒花，你可信？

寒　花　夫人祈的真是，寒花也信。

魏　氏　**【商调·莺啼序】**

三炷香玉蟾玉桂相对言，
众星奉月高迁。
想当初后乐园接受金匾，
状元公借匾造桥为善。
奴家夫君遵乡规心正行端，
也能够上皇榜翰林进殿。
无须怨，

终有时项脊轩鹤鸣琴蜯。

天信地信，奴信，奴信也。

寒　花　太太祈的真正是，寒花又信。

魏　氏　寒花，我们一起为秦国公顶礼膜拜，解我夫君心结，功名无阻，鹏程万里。（两人叩拜介）

［突然天降阵雨；闻蛙鸣声

寒　花　呀，太太，月挂星繁的天，庭院里怎的下起阵雨，阵雨里还有蛙的叫鸣？

魏　氏　寒花，你有所不知，这是秦国公石显灵了。当初秦国公奉旨出使辽金不辱使命，于归路上得一金背红囊之蛙，献于朝廷，朝廷赐于公，公养于太湖石上，每淋雨，便有“咯咕咯咕”之声，即“报国报国”之意；那是苍天赐教呀。

寒　花　呀，真是神了。是太太心诚，祈求灵验了。

［项脊轩内传读书声

寒　花　太太，你听，先生在项脊轩里偃仰啸歌了。

魏　氏　真的读书了；是灵验了。

［雨停

寒　花　雨停了。

魏　氏　雨停了，月光依旧。是灵验了，好让奴转忧为喜。

【商调·黄莺儿】

香袅漏声传，
石蛙鸣人立边，
月庭雨降非偶现。
蛩声妙曼，
星光灿烂，
科场振旅无须怨。
待来年，
再赴试殿，
应是卫公缘。

寒　花　这一灵验，先生来年可中举了。

魏　氏　天道酬勤，还须用功哩。

【商调·簇御林】

论天道，
酬克坚。
定乾坤，
好闲虚度年。
莫等转眼鬓霜显，
空悲切多愁怨。
愿为早春燕，
柳时剪暖，
也称天算迭人缘。

寒花，我与你要做好先生的后勤工作。

寒　花　知了。

【尾声】　明月星汉香无断，
拜秦公心诚意虔，
太太呀，多少希冀在书案。

夫妻既是同林鸟，莫说临难各自迁。
祭石问苍同患难，沉舟病树可逢仙。

（四）劝　竹

[秋寺，马鞍山之阳慧聚寺西厢

[归有光（生）；夏怀竹（小生）；小和尚（丑）

[生扮归有光执书籍上

归有光

【引子·风入松】

晨钟暮鼓隔厢闻，
古寺寄读勤。
且离项脊菊为邻，
南山面壁遮红尘，
欲赌功名认真。
苦寒窗，
梦断魂。

想那五柳先生“好读书不求甚解”，倒是得了功名，得了功名却又走出功名，逍遥桃花源；吾是苦读书滴水穿石，不得功名偏求功名，远离桃花源，不采秋菊不饮酒，是乐乎悲乎也哉。唉，自笑耳自笑耳。

归有光　**【小石·渔灯儿】**

我不为玉如颜问舍求勋，
只因是大母叹窘迫如焚，
于是乎求仕门风不忍泯，
故而言菊不采酒不沾飧，
学颜回陋巷箪樽。

（念）颜回陋巷一箪食，博得美名千古经；纯甫读破书万卷，不怕不步蟾宫门。

［丑扮小沙弥上

小和尚　（念）寂寞黄卷念空门，无忧衣食做小僧；做了小僧做老僧，老僧还是出家人。（白）那不是归先生吗？这个读书人，自家有个项脊轩不读，倒是读到聚慧寺来了，真是读迷心窍。让小僧问他一字。（唤介）归先生，小僧有字求问。

归有光　何字欲问？

小和尚　先生听了：“一点一划长，言字隑中梁；二边丝绕绕，底座马大娘。”就这个字。

归有光　这是戏字。

小和尚　是“戏”字？

归有光　是戏趣之字。

小和尚　是戏趣之字，先生可解？

归有光　知之为知之，不知为不知……

小和尚　知也。

归有光　不知。

小和尚　知也。

归有光　不知不知。民间拆字乃雕虫小技也，不知便不知，何须知？圣贤之书乃为正统，科举八股，尽在其中，大莫大矣。

小和尚　不是雕虫小技而是造屋大梁？

归有光　正是造屋大梁。

小和尚　雕虫不知何以知大梁？死读书读死书而已。先生，拜拜。（下）

归有光　好个小和尚，不好好念经，一张利嘴。

【小石·锦渔灯】

好个小和尚不甘佛训，
说什么小雕虫梁木椽薪；
你应是手敲木鱼口念经，
我则是诵诗书翻遍百家文。

书包翻身，仕途求存。读书去吧。（欲下；丑复上）

小和尚　先生，有人找你，可是放进？

归有光　可知何人？

小和尚　白面秀气，衣冠不整，手执竹笛，怕不像书生。

归有光　不见。告诉他吾正潜心读书。

小和尚　潜心读书？你刚才还在跟小僧猜字呢。

夏怀竹　（执笛上）表哥，小弟唐突了。

小和尚　兄弟叙情，小僧回避了。（下）

夏怀竹　表兄，怕是还在生小弟妄报中举之气，小弟再拜致歉。（作揖介）

归有光　这事倒也过了，不放心上。表弟，看你这副打扮，如引车卖浆之徒，哪像书香门第之后。你为何自号“怀竹”？

夏怀竹　先祖太太公夏昶夏太常寺卿善画竹，以示敬仰和自荣，故以“怀竹”自号。

归有光　竹者，岁寒三友之一，高洁有节；你怀其名而不怀其实，虚名也。

夏怀竹　请兄长赐教。

归有光　先祖画中有话呀。

【小石·锦上花】

园中竹精气身，
画中竹节附魂，
得天独厚墨传神。

（夹念）竹翠竹青贞是节，墨浓墨淡叶生魂，内心独白苍穹立，雅致逸情一笔新。

我辈应自勉敬意纯，
慎仪礼独善身，
科举之路指迷津，

不枉后来人。

夏怀竹　表兄说的是，小弟铭记。

归有光　可是你与汪守庐为伍，不入流品，败我门风。

夏怀竹　表兄言重了。汪守庐拍腔顾曲为生，有何不可？

【小石·锦中拍】

俚喧唱顾坚艺文，
苦营作求存；
更兼着居庐守椋，
孝心多巷邻亲近。
俚穷贫性无混沌，
位虽卑智无笨蠢，
没甚的其行不伦。
浅草成茵，
枯莲传韵，
各自精彩鸟知晴鱼知汛。

表兄，这何谓不入流品？

归有光　乃吹鼓手也。

夏怀竹　吹鼓手？吹鼓手哪哼价？吹鼓手，“六艺”之一也，孔圣人也做过吹鼓手。

归有光　唉，道不同也，怎的相提并论。

夏怀竹　非也，择业不同。

归有光　怀竹啊怀竹，好自为之。（下）

夏怀竹　唉，此次造访本想与表兄说个话，吹个笛，解个闷，不提防遭了个“好自为之”，此话怎讲？

小和尚　（复上）哎，你这位表弟，叫你不来打扰偏来打扰，不是吃排头了？

夏怀竹　吃排头？“萝卜青菜，各有喜爱”，何谓吃排头？

小和尚　呃，在理在理。这位表弟呀，我来问你一字。

夏怀竹　何字？

小和尚　你听了：“一点一横长，言字隑中梁；两边丝绕绕，底坐马大娘。”猜吧。

夏怀竹　小沙弥，这不难，是歪嘴和尚的“歪”字。

小和尚　你、你嘲我？你不务正业，才是歪呢！（下）

夏怀竹　哈哈哈，歪吧，你歪我歪大家歪。歪？六百年后，昆曲周游列国，在联合国大会上表演《牡丹亭》呢；昆山还成立了“昆山当代昆曲院”呢，院长姓李，名角，得过梅花奖，也是个歪嘴和尚。你说歪，还是不歪？

小和尚　（复上）我对你说，你家表兄的心思，倒是要你好。

夏怀竹　要我好？

小和尚　要你好。良药苦口利于病，忠言逆耳利于行嘛。

夏怀竹　呵嗨，歪嘴和尚念起正经来了。

小和尚　阿弥陀佛。

夏怀竹　**【尾声】**

风摇竹说歪乃振，
爱曲人其实不浑，
朝天路上各自巡。
科举艰绝不知辛，望族谁人罢称臣；
野渡无舟偏夜渡，星垂水近月漂沦。

（五）采　　花

［初春；归家转枇杷树下

［归有光（生）；魏氏（旦）；寒花（贴）；夏怀竹（小生）；汪守庐（丑）

［生扮归有光上，病态介

归有光　（念）潜心烛读不嫌苦，偏遇热疴夺儿郎。

【引子・金蕉叶】

着英落英，
小桃枝欲红却零。
泪盈盈叶飘满庭，
可怜儿催吾心冷。

莲子心中苦，梨儿腹里酸。吾的儿呀。（哭泣介，咳嗽介）

［贴扮寒花上

寒　花　先生，你咳得越发厉害了，自家多保重身子。

归有光　知了，只是割舍不得。寒花，夫人可是歇息个安稳？

寒　花　也在流泪呢。（亦泣介）

归有光　确实伤心。（复咳介；贴捶背介）

寒　花　先生，咳不得了；人死不能复生，不要伤心过度，免得苦了活着的了。

［旦扮魏氏上

魏　氏　（念）虽是苦楚泪未尽，不忍夫君咳嗽声；出房应将慰言出，又见同罗一片情。（白）小儿之死，确是伤心。夫君泪干气阻，犯了风寒，数日咳嗽不止，也是催人心痛，奴家岂能不强饰安颜慰他几句。（对生）夫君，寒花说的也是，节哀顺变了。

【越调·小桃红】

黄梅未落落梅青，
虽是泪尽还声哽［也］；
然惊醒，
梅身犹在不愁青。
强忍劝夫君，
夫君泪，弹不轻；
丧子情，天庭冷［也］。
心萎靡体魄消停，
将苦楚雾云蒸，
黄梅时最需晴。

夫君，节哀就是了。

归有光　知了。

魏　氏　寒花，给先生煎药熬汤去。

寒　花　是。

归有光　夫人，家中可有药资？

魏　氏　夫君不用费心，只管养病。

归有光　待吾早日病好，便去坐馆收薪。

魏　氏　不急，若是家中缺米少薪，奴把这青螺髻上的碧玉簪当了便是。（拔簪于桌介）

归有光　使不得使不得。（插簪于髻介；咳介）

魏　氏　夫君，切莫劳神了。（抚胸拍背介）歇息去吧。（下）

寒　花　（抬药碗上）喝了这盅药，转方少无钱。

魏　氏　（上）寒花，少得多嘴。

寒　花　是。（下）

魏　氏　奴知道，枇杷之花能止咳；近来家中拮据，不妨采去一试。对了，不妨去旧苑残垣处寻找一株采撷，让奴收拾竹篮，唤得寒花同去。（唤介；贴上；旦示意不作声介）寒花，先生可喝过药了？

寒　花　先生喝过药了。

魏　氏　先生可歇息了？

寒　花　先生已歇息了。

魏　氏　寒花，我们出门去。

寒　花　出门去？

魏　氏　出门就是。

寒　花　是。（两人出门介）

魏　氏　寒花，我们去采枇杷花，枇杷花煎汤熬药，能止咳化痰，给先生采枇杷花去。

寒　花　真是好，既省钱又治病，去采去，枇杷树，城郊荒野处有一棵，只是老了。

魏　氏　老的好，走吧。（行介）

【越调·下山虎】

将竹篮挽着，
步出门庭。
面对西风瘦，
小娇娘身移足轻。
花烛夫妻，
心倾力倾，
息息相关度枯荣。
家道失安靖，
须劳神善经营。

寒　花　（夹白）太太，已是到城郊了。

（接唱）走过荒野径，
见那枇杷树擎，
眼目青葱心沾馨。

寒　花　这枇杷树虽是不高，可采它也不够呀？

魏　氏　爬上那断垣试试。（贴爬介，欲采介）

寒　花　太太，还是不够采。

魏　氏　由奴来采。（贴下，扶旦上介）呀，也是不够采。（寻望介）呀，那边有位大叔，让奴呼他过来助我一把。（呼介）大叔，请过来。呀，来了。

［丑扮汪守庐上

汪守庐　（念）正欲出门听呼声，不妨走去问究竟。一眼看去一个愣，竟是归家管家人。

（白）归家太太，这西风中不怕寒冷，爬在断墙做啥价？

魏　氏　（下垣介）告知大叔，奴家先生咳嗽不止，想来采撷枇杷花煎汤药用，只是身手不够，请大叔行个方便。

汪守庐　枇杷花止咳乃民间草方，归家出贵人，为何不去请郎中把脉开方呀？

魏　氏　大叔见笑了，只是……

汪守庐　明白了，你不说我也明白了，是穷了。（笑介）哈哈哈，你们归家也有今朝一日，败了，穷了。

魏　氏　你……

寒　花　你这人这般无礼。

汪守庐　无礼？哈哈哈，说无礼却是有理。

【越调·五般宜】

你归府上代头朱门玉庭，
我世祖为你家看庐守茔。
因醉酒砍断护庐常青藤，
被炒鱿鱼居所无定，
还差点官司去顶，
直到今沦为草氓。

（夹白）嘿嘿，一代鲜，一代蔫，代代鲜，戳破天。你归家今朝……

（接唱）也破落朝夕杯羹，
似西风同样冷。

寒　花　你血口喷人，你幸灾乐祸，你瞒了老人说古话。

汪守庐　你这小小丫头，说话竟像连珠炮，我瞎说一句，就是乌龟爬地。

寒　花　哼。

汪守庐　哼。

寒　花　哼哼。

汪守庐　哼哼。

寒　花　哼哼哼。

汪守庐　哼哼哼。

魏　氏　（旁白）这位大叔看相并非獐头鼠目之辈，言之凿凿，亦非谎言。只是底事奴不知情，该如何处置？（思而言之，问介）这位大叔贵姓？

汪守庐　噱头好咯，打圆场套近乎哉。免贵姓汪。

魏　氏　汪大叔失敬了。

汪守庐　硬柴独怕软柴捆。这倒不敢当。

魏　氏　奴嫁归家时尚不长，上辈之事不详，讫谅之。

汪守庐　文绉绉倒讲文明礼貌。

魏　氏　往事无须别论，得失皆为浮云；奴家代为夫君致歉，请受一拜。（拜介）

汪守庐　代人受辜，在下消受不起。

寒　花　我家太太拜也拜了，还说个什么消受不起？还不快快还礼。

汪守庐　这这这、这。哦吁，被俚笃一硬一软，我倒是上风头落到下风头哉。还礼还礼。（欲拜未拜介）

魏　氏　汪大叔，哪有这等晚辈受长辈之礼的规矩？折煞奴家了。

汪守庐　又讲礼数了。那我就不拜了。

魏　氏　正是。

【越调·五韵美】

为了一根藤，
世仇横，
可怜天下谁与证，
恨愁风冷雨洗无影。
大叔呀，桃李去后，
荷满池桂香梅盛。
时序变人情更，
莫延承。
上辈怨下辈消停，

应是和谐相敬。

汪大叔，五更更替，四季轮换；时序不断，世事谁料？不必追念过往之恩怨了。

寒　花　是呀，不要吃了新米饭，还放陈臭屁。

魏　氏　寒花，不得无礼。汪大叔，宿怨宜消不宜记，不然，都过得不舒坦。

汪守庐　这个么，有点道理：一想到陈年旧怨，不是夜里做梦，便是血压升高，要中风的。

魏　氏　大叔，归家确实败落了，但奴家夫君饱读经书，文章斐然，为人慈仁，虽三试落榜，但不气馁，定有出息之日。还望多多宽厚。奴家再拜。

汪守庐　这、这这这，怎么了得？

寒　花　有什么“怎么了得”？说个“免了”就是了。

汪守庐　好好，免了免了。

魏　氏　谢大叔。

【越调·忆多娇】

天下情，能变更，
瓦爿翻身阴转晴。
大叔不必悲悯生，
心路宽宏，心路宽宏，
待日珠还玉盈。

汪守庐　听俚唱得这般动听，我也来哼忒几声。

【越调·斗黑麻】

冠冕夫妻，
贤惠理明。
再幸了归门，
那旭光再庭。
我怎可，不领情，
前世冤家，
今生解警；
枇杷树下重修宥靖，
顺风舟转行。

咀罢几声，咀罢几声，
我来帮俚采花摘英。

夫人，这枇杷花长得戳刻，说高不高，说低不低，你身材娇小，我来帮你采吧。

魏　氏　谢大叔。

汪守庐　不必客气。（采而未成介）哎呀，我也够不着。不急，让我回得家中，做个竹竿钩子来，帮你采了。（下）

寒　花　这个大叔倒是直性子，说变就变。

魏　氏　寒花，凡事和为贵。

寒　花　知了。

汪守庐　（执杆复上）来了。（钩摘介，旦、贴拾介）

【越调·江头送别】

曾经锣嘲过，
锣嘲过，
现为她摘花竹擎。

（夹白）我不是《沙家浜》里的刁德一，可要说一声“这个女人不寻常”。

寒　花　（接唱）俚像一支烛，一支烛，
不点不明。

魏　氏　（接唱）东风化雨三春景，
前嫌冰释靠坦诚。

寒　花　满了，这一篮满了。多谢大叔。

汪守庐　满了，满了就好。举手之劳，不用谢。

寒　花　大叔，寒花多有得罪，赔罪了。（施礼介）

汪守庐　小鬼丫头，牙齿未长齐，赔礼不得。（欲下）下次再采这花，叫一声便是了。（丑下）

魏　氏　多谢。

寒　花　这大叔变成好人了。

魏　氏　哎，他本是好人。

【尾声】　天道酬人一盏灯，
心相照还是乡情，
枇杷树下听落英。

世俗纵然有缺盈，不删向善不删诚；
春风吹雨着花泪，待日花盛一盏晴。

（六）释　　惑

［春日；项脊轩
［归有光（生）；魏氏（旦）；寒花（贴）；夏怀竹（小生）
［生扮归有光坐于项脊轩，读书介；咳嗽介

归有光　**【引子·罗江怨】**
苦香透陋帏，
砂壶煮几，
枇杷药汤将咳医，
劳心劳力耐维持［也］。
多少难题，
消得云烟逝。
失儿心痛时，
贤妻相慰宜，
依依情联袂。

家妻采制枇杷汤豆，清香滋润，一碗一身汗，三日来倒是驱寒祛痰有了疗效，心肺爽了不少。吾怎的谢吾妻呀？有了，写它一首小诗以表心迹。（写介、读介）“花白蕾黄珠蕊微，风清叶亮也萋萋；熬汤煎药疗疴疾，心系更知信玉姬。”

［旦扮魏氏持汤药上

魏　氏　（念）但愿夫君身康健，煎药持汤轻步移。
【仙吕入双调·嘉庆子】
小持汤豆亲自递，
忽闻轩窗有语丝。
侧耳轻轻暗喜，
心一片，
无需案齐眉，
情几缕，
凝一杯。

　　　　夫君，汤豆煎好了，趁热喝了。
归有光　好，喝了喝了。（喝介，微咳介）
魏　氏　怎的又咳了？（为生捶背介）
归有光　不捶不捶，那是喝了汤药，汤药驱赶肺腑之气之声，解毒祛痰也，是个好声音，咳过便罢。
魏　氏　倒是好说话。
归有光　还有好诗呢。（取诗授诗介；旦读之）
魏　氏　那玉姬是谁个？
归有光　你说是谁个？
魏　氏　哎呀，羞煞奴家了。
归有光　羞不得羞不得。
魏　氏　夫君，看你这气色果真好多了。
归有光　治病又治心，岂能不好。
魏　氏　还须巩固。只是枇杷花已用完，奴家便去采。
归有光　这又难为你了。
魏　氏　他哪知这枇杷花是汪大叔帮着采的，唉，过后再告知吧。夫君，那奴家唤寒花采花去了。
归有光　路上小心。
魏　氏　是了。（唤介）寒花，采花去。（内应）
［贴扮寒花提枇杷花篮遇上介
寒　花　太太，枇杷花采来了。
魏　氏　是你采的？你何时去采的？
寒　花　不是寒花采的，是怀竹表叔采来的。
归有光　怀竹采来的？他怎会采呢？
魏　氏　夫君，你怎会说此话？
归有光　难道是他规矩了？
魏　氏　夫君，怀竹本来就不无规矩呀。
寒　花　先生，这篮枇杷花确是怀竹表叔送来的，他还在庭中呢。
归有光　那他怎的不进来呢？
寒　花　他怕先生生气，气坏了病体。
归有光　吾怎能一直生气，他是吾表弟呀。
魏　氏　夫君说得好。寒花，快去请怀竹表叔。

寒　花　是。（下）
归有光　他不读诗书，老是与吹吹打打的人一起，我是恨铁不成钢呀。
魏　氏　十指有长短，用场不一样。你也不要难为他了。
［小生扮夏怀竹随贴上
夏怀竹　**【仙吕入双调·尹令】**

一树枇杷花蔚，
二枝和风春赐，
三采四钩情贵。
五指连心，
虽然志趣非同名有异。

表兄，病体可安好了？
归有光　托你的福，好多了。
夏怀竹　小弟何福可托？
归有光　那一篮枇杷花呀。真是多谢了。
夏怀竹　表兄，你谢错了。
归有光　噢，为何？
夏怀竹　这一篮枇杷花是我送来的，但不是我采的。
归有光　哦，这一篮枇杷花不是你采的，那是谁采的？
夏怀竹　是汪叔汪守庐采的。
归有光　啊，汪守庐？是那个叫你报假讯嘲吾中举的人？
夏怀竹　正是。
归有光　这枇杷花吾不用，把它退了。
夏怀竹　这、这何必呢？
魏　氏　夫君息怒。这一篮枇杷花是人家的一片心意，是不能退的。
【仙吕入双调·品　令】

鸿毛千里，
人道重情维。
枇杷花卉，
用心摘其枝。
它祛寒止咳，
化解身累赘。
此种功德，

岂可推诿无礼？

归有光　他与归家有宿怨，更何况将我奚落。

魏　氏　人非圣贤，孰能无过？换位思考，向善之心不可欺。

归有光　向善之心不可欺？此话怎讲？

魏　氏　这一篮枇杷花便是向善之物。

归有光　君子不食嗟来之食。

夏怀竹　这哪是嗟来之食？是诚心之药也。

归有光　咄，辱吾祖宗，嘲吾功名，何来心诚？你这不读书的混账，是非不分。

夏怀竹　哎呀，说错了。

魏　氏　夫君，息怒。这不是嗟来之物，确是向善之物。食之病愈，否则少有今天。

归有光　夫人调笑了。

魏　氏　绝不调笑，此为实情。

归有光　此话怎讲？

魏　氏　夫君有所不知。你喝过的药汤，都是汪大叔所采的枇杷花熬制的。

归有光　啊？

魏　氏　你听了。

【仙吕入双调·豆叶黄】

那天与寒花采花郊外，
碰上难题。
树高人矮无持，
汪大叔听奴施礼，
前嫌捐弃，
帮奴采折。
料峭倒春如刺，
料峭倒春如刺，
难刺真心，
向善无疑。

夫君，你不会以怨报德吧？

归有光　呀，是汪守庐帮你采的？

魏　氏　是的，是他帮奴采的。

归有光　这……你怎的不早说呢？

魏　氏　你喘咳正紧，心境不佳，怕你在病中生气呀。

夏怀竹　表嫂与我正是这样约定，免得你生气。

归有光　怎会呢？以怨报德非君子。他羞辱过我，却真是个好人。

【仙吕入双调·玉交枝】

听此言心含羞愧，
读圣贤枉言仲尼。
孔门之外有天地，
弃嫌豁达恢恢。
从今修好俱往矣，
相携和睦为邻里。
欲汲取来者可追，
喝一声归去来兮。

哎呀，快去请汪大叔。

夏怀竹　他去敲锣卖糖去了。

归有光　怎的敲锣卖糖？

夏怀竹　这叫各管一行。

归有光　怎的叫各管一行。

夏怀竹　真是个书呆子，这是顺口溜。你读书，他唱戏，不是各行其是、各管一行？

归有光　吾还是不懂。

夏怀竹　不懂就不懂了，我也讲不清爽，读你的死书吧。表兄，我看你又说又笑，又争又闹，略有小咳，精神蛮好，小弟也放心了，这就告辞了。

归有光　到何处去？

夏怀竹　嗯，这，嗯……

寒　花　去听昆曲吧。

归有光　寒花也知你了，好没出息之人，怎对得起重祖之竹？还自号为怀竹呢！竹为何物？乃岁寒三友之一，清高者也。

魏　氏　夫君，昆曲也高雅，就让表弟去吧，他喜欢就是了。

寒　花　表舅，快走呀。

魏　氏　表弟，谢你来送花探望。走吧。

夏怀竹　谢表嫂。（下）

归有光　夫人，你怎的放他去呀？

魏　氏　他好昆曲呀，就像夫君好读书，何不放他走？

归有光　唉，难道是天要下雨粮要解，管不了？

魏　氏　不是管不了，而是“敲锣卖糖，各管一行”。

归有光　噢，呵呵哈哈，吾明白了。

寒　花　太太，这俗话被你解得好。

归有光　连寒花也助你了。（众笑介）（生呼介）怀竹，代为向汪大叔谢一声。

【仙吕入双调·么令】

枇杷情寄，
着枝头着心着眉。
叹清风吹皱清池，
多少涟漪。

魏　氏　（接唱）项脊轩悲欢一折，
演绎心仪。

夏怀竹　（接唱）怀竹从此，
放大胆吃粥看戏。
项脊小轩琐碎事，枇杷花药作牵丝；
惠风吹进篱笆苑，几代瑕疵一袭衣。

（七）受　　谢

［春日，宣化坊路口

［汪守庐（丑）；夏怀竹（小生）

［丑扮汪守庐守于宣化坊路口

汪守庐　**【引子中吕·菊花新】**

细风吹暖百枝摇，
我采枇花做药料。

（夹白）只是叫阿焕送去，不怕说，我出铜钱俚放炮，
执笛却吹箫，
一支曲有些颠倒。

我汪守庐虽说破落，却有吹笛的本事，没饭吃，便到道士那里做

个临时工，咪吗咪吗一吹，唱几声昆腔，就有酒有肉了；只是被人小看。前几天，碰上归家太太采枇杷花，我想起宿怨嘲了俚几句，俚不但不恼，反而赔罪道万福。黑帖墨挞，吃伊勿煞，我倒服软了。旧账一笔勾销，炉灶重新砌好，连手帮俚采花，让俚替归夫子当药料。这归家本是个吴中大户，现在败了，这叫三十年河东三十年河西，怪谁呢？唉，贫穷一条船，船头笑船艄，笑不得的。今朝又采一篮，叫阿焕送去，阿焕就是夏怀竹，是我的曲笛之友。哦，来了。（招呼介）

［小生扮夏怀竹提空篮上

夏怀竹　**【前腔】**

一根藤上二个瓢，
你读功名我执箫；
送完药苞苞，
一身转有些轻巧。

吾那表兄真是个书呆子，还是表嫂通情达理，借个“敲锣卖糖，各管一行”一周旋，解得我围也。“萝卜青菜，各人喜爱”，倷考倷的功名，我玩我的昆腔，台下的观众，阿对？哎，那汪守庐在路口向我打招呼了。（行介；相遇介）汪叔，叫你等久了。

汪守庐　还好嘛，西风头吹吹蛮风凉。倷额角头上全是汗？

夏怀竹　跑路跑出来的。

汪守庐　只怕是吓出来的。

夏怀竹　吓出来的？哪能吓出来？我夏怀竹一身清白一身胆，谁个可吓？当今昆腔多有放任粗俗之声，我将学而修之，此志不可夺。

汪守庐　刚刚学得三脚猫，开口就来吹牛皮。走吧。

夏怀竹　到哪里去？

汪守庐　到娄江边吹笛唱曲去呀。

夏怀竹　对，差点糊涂了。

汪守庐　是吓糊涂的吧？

夏怀竹　哎呀，也真糊涂了。汪叔，我家表兄要我代为谢你了。

汪守庐　谢我了？

夏怀竹　谢了，真谢了。

汪守庐　这倒……哎，客气不得，免了。也罢，守庐受谢了。（作揖介）

夏怀竹　他说你是个好人。

汪守庐　说我是好人？哈哈哈，君子之言值千斤，汪守庐头重脚轻。

夏怀竹　你以后自己送去，归夫子茶水待你呢。

汪守庐　哈哈哈，毕竟大人家出身，讲礼数。这茶水嘛，我倒不在乎，走吧。（行介）

夏怀竹　**【仙吕·八声甘州】**

疾风劲草，
见人心须是日久途遥。

汪守庐　（接唱）看那江花水蓼，
正好岸处吹箫。

夏怀竹　（接唱）他是一枝荻花雪自飘，
心地宽纯穷不潦。

（合）逍遥，
怅寥廓云影缥缈。
光景不嫌岁月遥，额上记痕一笔销；
不见路边花间蝶，春来冬去应时飘。

（八）感　悟

［仲春；枇杷树下

［归有光（生）；寒花（贴）；夏怀竹（小生）；汪守庐（丑）

［生扮归有光挽竹篮随贴扮寒花执竹钩行上

归有光　**【引子·绕地游】**

春风和煦，
又见燕归旅，
偏是贤如玉卧床疽苦。
咳声似缫，
心头如煮，
陋轩中奈何读书？

（念）曦月晓风五更初，咳声不断隔窗嘘；未眠一夜心沉重，举步姗姗去采茶。唉，想不到吾的咳病好了，倒是染上了夫人；她一夜痛咳，却是咳在吾的心上了。只是家境寒酸，如法炮制，采得枇杷花暂且料理。寒花，那枇杷树可是到了？

寒　花　先生，快要到了。

归有光　**【仙吕入双调·惜奴娇】**

半里之途，
竟气喘唏嘘，
步履以趋。
袭来病蠹，
无端伤害娇躯。
呜呼，怕是持家操劳过度，
体憔悴，湿气注。
也怨吾，只恋书斋轩屋，
忘了相濡。

寒　花　先生，到了。

归有光　好大一棵枇杷树啊。

寒　花　这棵枇杷树无人照料，本是枯憔了，是夫人和奴婢平日里松土浇粪养大的。

归有光　好一片苦心呀。这真是有心人做有心事，善心人做善心事。抬望眼碧绿生青油油亮，倒添三分离离愁。唉，寒花，动手采吧。

寒　花　是，奴婢钩花，先生拾花。（钩介，不成）

归有光　吾来钩花，你来拾花。（钩介，也不成）呀，想不到这钩花也不易。

寒　花　好急人。

归有光　（焦虑介）执笔能生花，钩花不灵活。这是怎的一个尤物？

［小生扮夏怀竹执笛上

夏怀竹　（念）江边吹笛声渐亮，晨风送我紫竹花；昆腔声色一支笛，百鸟朝凤学到家。好爽。（望介）哪个在枇杷树下？好是眼熟？呀，是表兄、寒花。倷亨价？去看看。（行介）果然是表兄与寒花。（前问介）表兄，怎的采起枇杷花来了？

归有光　哦，是怀竹，你表嫂昨夜咳嗽不止，吾便来采花熬药。

夏怀竹　表嫂可有寒热？

归有光　有寒热。

夏怀竹　有寒热？这恐怕治不了。

寒　花　清热解毒，怎的治不了？你不要触霉头。

夏怀竹　也罢。你手无缚鸡之力，怎的采？（旁白）准是请不起郎中了。对对对，清热解毒，我来帮你采。

寒　花　这才差不多。

夏怀竹　（授钩接钩；采介）哎呀，这也不比吹笛拍板，筋骨牵动，手臂蛮酸的。

寒　花　表舅，你手脚麻利些。

夏怀竹　嘿，你倒说风凉话，这手酸得要命。

寒　花　也是个手无缚鸡之力之徒。

夏怀竹　不饶人的小嘴，被表嫂惯坏了。（采钩介）

【仙吕入双调·黑马序】

这绿叶笼株，
见蕾绒蕊簇，
缀绎扶疏。

寒　花　快稍点，还要呜哩呜哩唱哩。

夏怀竹　（接唱）恰晨风弄枝，
一声鹧鸪。
咕咕，钩着了一支玉蟾酥，
一枚药葫芦。

归有光　（接唱）莫心粗，
看取竹钩花着，
但愿一簇一坨。

［丑扮汪守庐上

汪守庐　咦，哪个在采归家的枇杷花？这枇杷树本是野生，归家太太托我常来松土沤肥，我就算它归家的了。归家的树，是不能瞎采的，我祖上可是有过教训。让我去看看。（行介，望介）哦，原来是归夫子、寒花、阿焕，做啥价？（上前问介）归先生，怎的不读书却来采枇杷花？是来体验生活接接地气还是咳嗽病又患了？

寒　花　归先生不是好好的？是我家太太病了。

汪守庐　怎么这病也夫唱妇随的了？

夏怀竹　汪叔，少得啰嗦，你是老手，你来采吧。

汪守庐　怎是啰嗦？总得问个明白。再说，太太是个好人，她要熬药我怎能不采呢？拿来吧，竹钩。（采钩介）

【仙吕入双调·锦衣香】

采花蕾，
听吩咐。
钩镰勾，
花落有序，
声声落地如珠，
一呼振膂。

夏怀竹　（接唱）煎成汤药解身虞，
清香清苦，
清苦清腑。

归有光　（接唱）谢汪叔手助，
敬酬你怀抱乡闾。

汪守庐　（接唱）乡里宜相处，
做人靠谱，
无求锦衣香透，
无求流芳千古。
寒花，可是拾个干净了？

寒　花　知了。

归有光　还是吾来拾，让寒花回家照料夫人去。

汪守庐　对，照料夫人要紧，回吧，寒花。（贴下）阿焕，我钩着你拾着。

归有光　吾来拾便是了。

夏怀竹　我来吧，看你眼睛红绯绯，一夜未睡好，歇着吧。

归有光　一起拾吧。（众采、拾介）

归有光　【仙吕入双调·浆水令】

看采蕾油然醒悟，
一人难众人乐助，
真是一枝动摇百枝扶，
项脊轩中，
能有几乎？
心灵触，
叹自许，
自惭清高轻娱术。

应怀抱，应怀抱，

宽若天炉。

（夹白）太史公也，读你史书几遍，这才知你为弹铗引车之徒列传之意了。

令人慕，令人慕，

也是侠骨肠柔。

夏怀竹　表兄，花采满了。

归有光　啊，满了？是满了，多谢了。

汪守庐　哎，一家人不说两家话。

寒　花　（急上介）先生，不好了，太太晕厥过去了。

归有光　啊，这、这这这，怎么得了？

夏怀竹　表兄，看来表嫂病凶，这枇杷花治得了你的心，也许治不了她的病，务必请郎中切脉才是。

归有光　这、这这这。

寒　花　可是，切脉佐药之资……

夏怀竹　果然是囊中羞涩。表兄，毋庸顾及面子了。我这里有几个。（摸出铜钿授介）

汪守庐　昨天唱堂会也赚几个，我这里也有。（摸钱授介）还有，这枇杷花卖与药店也能得几个。不够？再采呀，积小钱为大钱。

归有光　哎呀，这怎是一个“羞”字了得。

汪守庐　还死要面子活受罪。哎呀，这“死”字是说不得的，该死；哎呀，又是一个“死”字。（掌嘴介）

【尾声】　（归唱）秀才不晓曲腔糯，

（汪夹白）这真是急急风碰上慢郎中，还要嗯哩嗯哩唱忒三声。

（归唱）守寒窗不及守庐，

（寒白）先生，走吧。

（接唱）枇杷采过花入厨。

（众下）

汪守庐　（吊场）我去药店里卖枇杷花，卖了再采，采了再卖，卖了再采……（反复念介）直到把归家太太的病治好。不知药店阿收？（叫卖介）阿要新鲜止咳枇杷膏？……（下）

莫叹枇杷花药虚，扬清激浊能悬壶；

花篮花满知何贵，胜读秀才一本书。

（九）梦　植

［三春；黎明前；归庭；香台

［归有光（生）；魏氏魂影（旦）；寒花（贴）；夏怀竹（小生）；汪守庐（净丑）

［夏怀竹与汪守庐上

汪守庐　（念）秀才花采出书斋，煎汤熬药透窗纱。

夏怀竹　如宾相敬驱瘴病，似愿逐缘付枇杷。

汪守庐　待得咳除解心结，带些恩爱归娘家。

夏怀竹　风云不测染瘟疾，乐极生悲见老鸦。唉。

汪守庐　真是作孽，好端端一个太太说没就没了，今朝已是“头七”祭日了，此刻晓鸡未啼，便去帮俚料理祭事。

夏怀竹　汪叔，这病也奇怪，说来就来，竟是医无回天之力。

汪守庐　哎，阿焕，我有一个疑虑：这病，不要是归家氏没送红包，那郎中不开心，治得马虎，便让太太的命送了？

夏怀竹　这是缺德的事，不会吧？

汪守庐　对，不会吧不会吧。

夏怀竹　汪叔，我看表嫂死得可怜，表兄活得可怜，你是半个道士，到“五七”那天，你给她做场超生道场，哪哼？

汪守庐　做道场花费不小，红包也送不起还做道场？免了吧。再说，这道场巫神乱话，全是空老戏，我自己也不相信，是混饭吃的，算了吧。

夏怀竹　又是免了吧，又是算了吧，这可苦了我的表嫂了。（泣介）

汪守庐　你这一哭，我也伤心了。

夏怀竹　好了，心也伤过了，泪也流过了，要哭，就到表嫂灵台前去哭吧。（行介、下；切光）

［贴扮寒花装点香台；生扮归有光立于香台前

归有光　**【引子·霜天晓角】**

长更短寐，

早起亡灵祭。

纸烛香炉仙气，

鸡啼未，

泣魂归。

缭绕烛光明，洒酒慰魂；十年夫妻，千缕恩情，万般无奈，一种牵挂，欲哭无泪。夫人哪，阴阳两隔，好是痛心呀。（内传婴儿啼声）

寒　花　先生，灵台上的事都安排妥了，我去关照啼儿去。

归有光　正是。（寒花下）

归有光　**【仙吕入双调·朝元歌】**

星凄月凄，

寂寂晨曦未；

香靡烛靡，

缕缕故人已。

柴米夫妻，

十年怀揣，

恩爱浑如朝夕。

赶考不期，

相安相慰总不卑。

龟鉴国公石，

任凭项脊痴。

而今人离玉碎，

五雷击泪干心涕。

泪干心涕。

守灵台，神思茫然，如在梦里。吾妻初嫁，时至轩中，从余问古事，或凭几学书。吾妻归宁，述诸小妹何谓阁子，颇有情趣。以后育儿哺女，言笑晏晏；汲水生炊，不呼劳累。那烛影，好似时有伴读三更，透视了面命耳提求功名之期。而今功名未就魂已去，眼泪烛泪，滴滴心里。呼魂呼归，字字嘘唏。夫人呀，再斟你一巡酒。（斟介；徘徊介；落座，潜入梦境）

［旦扮魏氏魂影上

魏　氏　**【引子·忆秦娥】**

阴风起，

凄凄潜入君梦里。

君梦里，

七天人隔，

七天魂逸。

见夫君面容憔悴，不禁借风叹息。

归有光　（醒介）怎的好凉呀？

魏　氏　倒是把他惊醒了。

归有光　呀，眼前不是夫人吗？夫人……

魏　氏　夫君哪，奴家好是放不下你。夫君呀。

【仙吕入双调·朝元歌】

人离影离，

碧落黄泉地。

奴孤你寂，

冷茔冷棉被，

两情怎携？

念君滋味，

但愿平安四季。

归有光　好痛吾心也！知了。

（接唱）你是春茧春丝，

苦辛织我一袭衣。

更记熬药采蕾时，

枇杷同病医。

魏　氏　（接唱）相怜无悔，

果然是真情似衣，

真情似衣贴心肺。

归有光　呀，夫人呀，吾却伤心，吾采花蕾未治疾，空留黄花悬壶心。

魏　氏　夫君，不必自责。你喜枇杷，奴喜枇杷，也是同心相结。

归有光　说的真是。

魏　氏　夫君，你看奴携来何物？（袖中抽出枇杷枝）

归有光　枇杷枝？呀，好一支枇杷枝。（接枇杷枝介）

归有光　**【仙吕入双调·销金帐】**

一枝葱翠，

葱翠牵人忆。

你为吾祛咳痰采花蕾，

随即化解宿怨，
费神劳力。
几多智慧，
智慧令人敬佩。
这葱翠一枝，
欲滴离人泪。
越是眷恋，
眷恋相厮相对。

魏　氏　**【前腔】**

一枝葱翠，
葱翠成连理。
奴甘愿共患难同慰藉，
寒暖相濡以沫，
合家欢喜。
同舟共济，
共济重振门第。
这葱翠一枝，
欲语不须泪。
愿个魂魄附维，
附维轩窗宅砌。

夫君，奴家有一想，将这枝枇杷种植庭院之中，可乎？

归有光　啊呀，夫人，这正中吾心怀，敢是好敢是好。

魏　氏　那就种植吧。（两人种植介）

归有光　**【前腔】**

一枝葱翠，
葱翠含回味。

魏　氏　（接唱）月半墙姗姗迟，
偃仰啸歌朝夕，
依然望君及第。

归有光　（接唱）有心有意，
有意莲开并蒂，
这葱翠一枝，

欲喜魂归泪。

魏　氏　（接唱）苍天可凭，

可凭情思有志。

归有光　情思有志，夫人敢情说得正好，这支枇杷枝插在庭院里，便与你朝夕相处，不用相思也相思了。好一支枇杷枝，好一支枇杷枝。

魏　氏　好一支枇杷枝。呀，夫君呀。（泣泪介）

归有光　夫人，怎的又悲痛了？呀，夫人之泪洒在枝上，枇杷活了；呀，叶活了，枝长了。

［闻鸡鸣

魏　氏　夫君，时辰到了，你好好地养它，奴家去了。（袅袅而下）

归有光　夫人，夫人，夫人！

【前腔】

一枝葱翠，

葱翠怨凄切，

牵不得你的衣一袂，

拉不住你的手一指，

禁不住望空叹息。

此情脉脉，

脉脉哪许远逝？

恰见枇杷，

叶抖枝摇曳，

仿佛芳魂倚。

欲悲难休，

难休潸潸珠泪。

夫人，为夫心知也。（斟酒介、落座入梦）

［小生、丑上

夏怀竹　匆匆走来，竟是鸡鸣人更了。（推门进介）晚了一步，祭台已经上香了，准是寒花起得早摆置的。呀，先生也已守灵台了，已是疲惫不堪入睡了。

归有光　（醒介）哪来的人声？呀，吾是在梦里不成？

汪守庐　先生在梦外。

归有光　吾与夫人相见了，还在庭院里种枇杷树一棵。

汪守庐　哪来呀？（揉眼介）果真是一棵枇杷树。

夏怀竹　奇而怪之，还在慢慢长呢。

寒　花　（上）这棵枇杷树太太在世种的，哪里是梦中……

夏怀竹　寒花，你说得糊涂了。

寒　花　（惊觉介）呃，是糊涂了。果真庭中枇杷树，应是太太魂；先生悲无泪，时时可望君。

归有光　这是梦中还是梦外？

【商调·山坡羊】

　　袅丝丝魂归故里，
　　影迷迷枇杷庭植；
　　秀灵灵临风拂衣，
　　恋痴痴影隐如烟逝。
　　恨相厮，
　　如个枝头白露晞。
　　鬓厮耳磨非能拟，
　　烛读笔耕项脊居。
　　魂兮，待听蟾宫折桂时，
　　轩兮，重修怀念辞。

汪守庐　魂兮轩兮，好是一片苦心。

夏怀竹　唉，待得蟾宫折桂时？表兄，已经三战三败了，还要去赶考？

归有光　这、正是。

汪守庐　这是读书人的胎里毛病。

夏怀竹　表兄，你抒写怀抱之文，蛮是出名；应酬乡曲之序，颇受尊重，何不从此发展，成为“天下第一明文”？

归有光　此举图名不图利。

汪守庐　坐馆授徒不是有利可图了？至少饭米钱到手了。

归有光　唉，尔等也知，吾归氏乃吴门望族百八十年矣，今即败落，大母叹之，亡妻励之，吾岂能不抱中兴之志？

寒　花　对，先生是八股文高手，定能高中及第。

归有光　但愿有此日。

夏怀竹　上下左右一个怪圈，把他团团圈住了。罢罢罢，再说下去，表兄要不开心了。还是那句话：敲锣卖糖，各管一行。

汪守庐　也是，他敲他的锣，我卖我的糖。呃，阿焕呀，他只知闭门读书，不懂行情，你去帮他开开后门，弄顶小纱帽戴戴。

夏怀竹　休得说笑。他这闭门读书，实是害己。殊不知表嫂之死，是积劳成疾、贫病所致的呀！可惜，劝他不醒的呀。啊欤，我的表嫂呀。（泣介；众和介）

归有光　**【商调·鹧鸪天】**

故里魂归梦里厮，

碧空仙客留风姿。

夏怀竹　（接唱）柔肠百转离人泪，

洒向科场一缕烟。

情遣情散情修记，怀抱之文乡曲辞；

项脊生员南柯梦，枇杷手植做传奇。

（十）论　道

［嘉靖十四年，入秋；马鞍山北麓陈宅塾馆

［归有光（生）29岁；陈仲德（末）50余岁；众生徒

归有光　（上）

【引子·一枝花】

柳丝秋半苍，

家境衰已降。

出轩筹米饷，

把家养。

坐馆授徒，

三尺讲坛上。

偃仰闻童趣，

诵读绕梁，

暂将辛酸私忘。

毕竟家道中落，有了柴米还需油盐，有了夏装还需冬衣，不能苦了家人，便在马鞍山下陈府坐馆授徒，聊补生计。主人陈公仲德，确是向善崇德，待吾有礼；其儿陈简聪明好学，授之诸子之文而显著，以教启智，吾心甚喜，才知吾祖乐于私塾之缘故哉。

【南吕·懒画眉】

掩映桂枝有余香，
胜似吾家承志堂，
无缘折桂暂修行。
几枝墨菊东篱望，
送走秋风沾白霜。

（念）这里日照西厢，花木交茂圃场；诗里道德文章，窗外马鞍风光。孤峰独秀，极目田桑，可以听天籁，临地藏，一抱紫气，二运灵光，物外有趣，杂念轻放。也可花圃读经，动帏摇花，观二鹤交舞于庭，领略心智芬芳。今日授课事毕，即时收拾归家。（收拾介）

［末扮陈仲德上

陈仲德　**【引子·南吕·满江红】**

夫子有光，
才情厚文章可赏。
启智商请进家舍，
教吾儿郎。
礼乐诗书巡阆苑，
抑扬顿挫濯沧浪。
杏花村偏插小桃芳，
心仰仗。

本宅主人陈仲德是也，一个退职府吏退思乡绅，正设馆延请归先生授徒，很是满意。（招呼介）归先生，暂留一步，在下有言相告。

归有光　主人请讲。

陈仲德　先生授徒有方，墙内开花墙外香，某的远亲近邻皆知，便有送儿孙坐听之意，不知意下如何？

归有光　哎呀呀，惭愧惭愧。

陈仲德　此话怎讲？

归有光　晚辈还须读经赶考，余暇不济呀。

陈仲德　哎，环坐一堂，多少一人，辛苦就是了，不必推让。

归有光　这个么……

陈仲德　若是推让，倒是冷落了他人厚望，也扫了我的脸面呀。

归有光　这个么……

陈仲德　不要这个那个了，应了吧。

归有光　看来只能遵命了，两者得兼。（同笑介）

［转场换景：归有光执教授徒。众生或环坐诵读，书声琅琅；或转圃中赏花扑蝶，其乐融融；或转登峰远瞩，抒怀天地。

［幕后随景而唱：

【南吕·梁州新郎】

马鞍山仰，
西塘水漾；
陈家庄翠竹粉墙芦苇帐，
归夫子儒巾宽带，
授徒面壁西厢。
听得书声朗朗，
一赞三叹，
神态谦恭让。
闲时花圃里赏蝶飏，
庭院清清喜鹤翔。
也依文笔，
登峰仰，
胸怀天地心飘荡，
平添瑶池水墨池浪。

［众生下；归有光执扇抒怀介

归有光　好个授徒启智之乐哉。

陈仲德　（上）说得好。

【前腔】

君不见桃李无语，
成蹊于赏，
博得时人褒奖。
你有风范先祖，
家存承志名堂。
今既身领塾乐，
何不以教维桑，

做定教书匠。
琐窗篁竹也坐书房，
归去来兮别试场。
功乡梓，
名天壤，
重修先祖归门望，
花恋蝶鹤庭唱。

昌黎之名句：师者，传道授业解惑也。后人之誉言：教师是阳光下最为崇高的职业。先生何不弃科举而从教授，师道尊严，快乐一生？

归有光　这个么，一言难尽。

陈仲德　怎的一言难尽？

归有光　惭愧惭愧。

陈仲德　知了，怕是先生之大母之声又训巡耳目也。

归有光　主人说的正是。更有亡妻之心愿：亡妻待吾情重如山，望吾折桂蟾宫，吾岂能不铭记于心不付之于行？

陈仲德　真是难能可贵。可是讲学也是归家先业，并有承志堂设馆授徒之例，先生承志可乎？

归有光　承志堂早已坏不可支，须撤而新之。

陈仲德　须撤而新之？某愿助你。

归有光　多谢主人，无功不受禄。且先祖设馆谋生而已，非志也；志在建功立业，唯此可承。主人见笑了。

陈仲德　某知也。不过，仕途风险多多，如江湾之水，看似平静，却深埋漩涡，讳莫能测，某深有体会，故退而思之，思而言之。

归有光　喔，吾当循圣人之言为戒，不敢自私。惭愧惭愧。

陈仲德　人各有志，惭愧不得。

归有光　多谢。

【南吕·节节高】

主人赠语良，
吐衷肠，
真心诚意吾思量。
圣贤德，

书里藏，

能修养。

从优而仕几年怅，

何虑两袖清风享。

蝶恋鹤翔撰文章，

维桑授徒焉能让？

陈仲德　入仕撰文授徒，三者兼而有之，先生说得好。

归有光　惭愧惭愧。

陈仲德　有志者事竟成，愿先生蟾宫折桂。（同语介）惭愧惭愧。（同笑介）哈哈哈。

【尾声】　（归）逐人秋色放眼光，

揖玉山紫气仰望；

（陈）可怜一树枇杷黄。

天公有话过山塘，解梦庄周见蝶狂；

坐馆谈心君莫笑，从来陋巷出栋梁。

（十一）乡　愁

[三十年后，初夏；长兴吏舍：草苫泥壁，紫竹蓝帘

[归有光（老生）六十岁，知县打扮；公差（丑）；村妪（老旦）；村妇（小旦）

[老生扮归有光知县打扮面壁而立介

归有光　**【引子·正宫·喜迁莺】**

光阴荏苒，

惜六十春秋，

鬓霜已染。（转身）

大母贤妻，

春晖寸草，

报得一领七品青衫。

项脊老轩常忆，

庭院枇杷若览。

如梦也，

觅茱萸稍插，

却冷雨荷帘。

（念）初试正风茂，上任已霜髯；不嫌仕途苦，但愿勤与廉。某长山知县归有光是也，虽是年老体衰，却求上对朝廷，下对黎民，决不慵懒贪婪。

【双调·锁南枝】

山阻险，

湖泛淹，

此地民风彪悍虎视眈。

我岂能袖手处闲恬，

剿寇挑风险。

办乡庠，

复慈庵；

抗灾放赈做桑蚕，

文攻武治不懈怠，

一支笔，

一柄剑。

这正是在其位，谋其职；家千里，身图治。只是放不下项脊轩，隔地不隔天，总是牵记。

【前腔】

青苔壁，

黄草苫，

空些桂兰紫竹潭。

也无枇杷树遮檐，

有点心遗憾。

更是亡妻魂，

多梦潜，

（夹白）她走进项脊轩，却相对无言，

唯余一墙月，

一帘念。

唉，木犹如此，人何以堪！项脊轩呀，尔予吾知书达礼；枇杷庭呀，尔让吾永抱情怀。

［丑扮公差上介

公　差　知县大人，你又在乡愁了。

归有光　你怎的知晓？

公　差　面庭立阶，向南而望。这便是想着故里的姿势了。

归有光　说得不错，那是习惯成自然，被你看懂了。

公　差　其实这庭院虽是破落，倒也幽静，要是植了一棵枇杷树，不也是半个项脊轩了？

归有光　又被你看懂了，好聪明的公差。

公　差　不是我聪明，而是你情深。

归有光　可是怎的植呀？

公　差　会有的，面包会有的，枇杷树也会有的。

归有光　此话怎讲？

公　差　此话好讲。（击掌介）

［老旦扮村妪、小旦扮村妇携竹篓上

村妪、村妇　知县大人安康。

归有光　你们，好生面熟呀。

村　妪　大人，我是田鸡心呀。

村　妇　大人，我是剪刀嘴呀。

归有光　噢，记得了记得了，望仙庄的婆婆与媳妇。

村　妪　正是。

归有光　你是田鸡心？

村　妪　正是。

归有光　你是剪刀嘴？

村　妇　正是。

公　差　奇而怪之，哪有叫田鸡心的？哪有叫剪刀嘴的？嘿嘿，有趣有趣。

归有光　是有点有趣。

【仙吕·长拍】

那天我微服私行，
微服私行，
走至望仙渡口，
见村上杂嘈攒搅。
原来是婆媳争吵，

针刺麦芒，

就为了一只猫食盆吐沫相戡。（唱断）

村　姬　是呀，奴打碎了一只猫食盆。

村　妇　是呀，奴心一急出口不干净。

公　差　现在倒蛮好，在做自我批评。晓得了，当时一个嘴快，一个心急。嘴快得像剪刀，快口快舌，不饶人；一个便叫剪刀嘴？心急的像田鸡，一触一跳，人不饶；一个便叫田鸡心？

村　姬　正是。

公　差　一个便叫田鸡心？

村　妇　不错。

公　差　有意思。老爷，后来呢？

归有光　（接唱）眼看四肢掺，

我身份一亮，

现场办公审鉴。（唱断）

公　差　现场办公？好办法，可以推广。

村　姬　一听是知县大人，奴魂灵头吓忒三分。

归有光　吾说此为家事，家事化大，变成讼事，讼事化大，变成狱事，要到堂上吃三十大板。

公　差　放噱头了。

村　妇　这一说，奴魂灵头也吓忒三分。

公　差　前三分，后三分，加起来吓忒六分；还有四分呢，哪哼办？

归有光　刻其骨镂其心。

公　差　刻其骨镂其心。有道理。哪哼刻，哪哼镂？

归有光　以势克蛮，收其狂。

公　差　就是吓吓俚笃，做表面文章；这是刻其骨。新鲜。哪哼镂其心呢？

归有光　一讲亲情。

公　差　这是镂心。

村　姬　是呀，一只镬子吃饭，还要替倷传宗接代养孙子呢，犯不着板面孔。

公　差　镂忒二分。

归有光　二讲气度。

公　差　也不错，又镂忒二分。宰相肚里可撑船。

村　姬　呀！奴不是宰相。

公　差　哪哼？

村　妇　呀！奴不会撑船。

公　差　哪哼？

村　姬　你说错了。

公　差　我说错了？大人怎的说？

村　妇　大人不说“宰相肚里可撑船”，而是讲“打碎猫食盆，装上七石缸”？

公　差　打碎猫食盆，装上七石缸？一个小一个大，小的换大的。

村　姬　对，一听就懂，说得全场大笑；说得吾俚扑哧一笑，气眼眼通了。

公　差　妙！摸得着看得见，不说大话；深入浅出，立竿见影，的的刮刮的现场办公。大人，你就是棋高一着，脚踏猫尾巴，妙！

归有光　（接唱）七石缸兮猫食碗，
逗人笑解人嫌。
气度把情镂錾，
化干戈为玉帛，
佳话连篇。

公　差　今天是来谢他了？

村　妇　正是。

公　差　篮里装的何物？当心触着“高压线”，违反“三大纪律八项注意”。

村　妇　一株枇杷苗。（取物介）

公　差　哎呀，怎的不送枇杷果却送枇杷苗？

村　妇　是你这位公务员说的呀，大人最喜枇杷树，我就送来了。

公　差　这，倒是说过的，怎的给你知晓了？

村　妇　这叫雁过留声。

村　姬　这叫没有不透风的墙。

公　差　好了好了，又要争吵了。都说得不错。其实，大人喜枇杷树人皆知之，读过《项脊轩志》便了，何须我说。

归有光　此物正好。花能止咳化痰，清热解毒；叶能生风招摇，便有乡愁之邀。（拜谢介）

村　姬　大人，这消受不起。

村　妇　收了就好。

归有光　（持苗介）罢了。正在乡愁时，此物最相思。

公　差　看样子，还要嗯哩唔哩乡愁了。唉，刚刚调动起来的气氛，又静下来。不打扰了，我们种枇杷去吧。（携两旦下）

归有光　读吾项脊轩，心系枇杷庭；好个说法。

【仙吕·短拍】

遥望天南，
遥望天南，
何方项脊，
枇杷庭枝叶扶掩。
往事似莲潭，
风一抹浓浓淡淡。
梦少梦多萦念，
猛醒过无泪湿青衫。

公　差　（复上）大人，你乡愁罢了？

归有光　乡愁怎罢？春花秋月何时了呀！

公　差　这，大人，枇杷树种好了，看看。

归有光　（看介）真好，叶绿枝秀，苗条可爱；人心可寄，乡关可望。多谢了。

公　差　那，你的故事也完了？

归有光　这，让后人评说吧。

【尾声】

金枝玉叶何时掩，
文一篇领读鬟髯，
明月半墙晓风潜。
怀抱故居梦似岚，试尝百味客乡瞻。
枇杷无语任人赞，度得此情泪沾衫。

2015 年 11 月 27 日写于玉山小桃园

锁窗寒

剧情梗概

朱柏庐为明代昆山人，理学家、教育家，《治家格言》是他的代表作，是为人修身立业的教科书。本传奇以《治家格言》为线索，结合史料和民间传说编写而成。

清明节朱柏庐在潭子湾通匮桥祭祖，这里是清兵入昆时朱的父亲朱集璜投河殉国之地。恰时，知县杨鹤鸣见之，劝其入仕，被严拒了。朱柏序表明子承父业之心迹，宁愿锁窗寒做个教书匠。

从此，朱柏庐寒窗下执鞭讲台，开馆授徒，并身体力行，心怀社稷，治家立言。与他相反，杨鹤鸣花天酒地，赏雪时还参与嘲弄“失意人”。杨被人称作只进不出的“天笼”，却还恬不知耻，被朱柏庐调侃一番。

积善成德。乡绅顾廉生捐资修桥，乡人参与。徐好婆家贫，捐一石条以表心意，朱柏庐感慨万千并写桥联一副。

家和万事兴。朱柏庐三叔朱三观家不宁，三婶强势，夫妻不睦，朱柏庐设计劝阻，让三婶在受惊之中醒悟，最终取得成功。而柏庐夫妇相敬如宾，在清风明月中诉说互助互爱。

浪子回头金不换。“失意人”崔白池重振家业，耕读育人。在朱柏庐的教诲下，崔白池的儿子崔铭仪考上秀才，崔设宴谢师，朱柏庐推辞不得，师生情深似海。

元宵节赏灯猜谜，乡味十足，演绎“花好月圆”的愿望；诉说民间传说，感知民风淳朴；借题发挥，传达做人道理；民风可喜，朱柏庐采风与写训互补。而杨鹤鸣坐桥赏灯，还自鸣得意，被朱柏庐耻笑几句。后杨醉酒落水，狼狈不堪。

戏传家训。外孙女攀亲，朱师母乐意，朱柏庐却“不满”；却原来是戏趣，倒也传达了真情。传家风家训喜赠，锁窗寒柏庐功成。

时　间　明崇祯至清康熙年间。

人　物　朱柏庐（生）　“昆山三贤”之一。生于1617年，卒于1688年，名用纯，字致一，明时诸生，著名教育家、理学家，著作中有《治家格言》传于世。

朱师母（旦）　朱柏庐妻。

朱一枝（贴旦）　朱柏庐小女。

顾廉生（外）　乡绅。

徐好婆（老旦）　乡民。

朱三规（生）　朱柏庐三叔。

朱三婶（旦）　朱柏庐三婶。

崔白池（末丑）　破产富家。

崔铭仪（生）　朱柏庐学生，崔白池之子。

杨鹤鸣（丑）　明时生员，清实行“博学鸿儒科”，被任用为知县。

舒修裁（生丑）　秀才。

方公吉（丑）　财主。

（一）祭　　塘

[清顺治年间，清明；潭子湾通匮桥；岸柳几枝

[朱柏庐（生）；杨鹤鸣（丑）；朱一枝（贴旦）；朱集璜幻影（末）

[末扮朱柏庐携贴旦扮小女携冥纸上

朱柏庐

【引子·越调·霜天晓角】

清明祭祖古来孝，
人家上坟我祭桥，
潭子湾里水流静，
倒是我心头血如潮。

（念）十年光景春流水，噩梦未醒鬓有丝；陌上无雨也有泪，相思最是清明时。（白）在下生员朱柏庐是也，以教书授徒为业，虽是清贫倒也自乐，更是秉承父志，重操父业，自成孝心。父亲朱集璜不堪清兵屠城戮民之辱，投塘而殁，悲哉壮也，吾岂能忘却？

守庐三年，又年年祭塘。

朱一枝　父亲，潭子湾通贾桥到了。

朱柏庐　正是，此乃祖父投水之处，也是吾伤心之地。（对贴介）孩儿，祭你阿爹英灵就是了。

[父女祭介：上香、祭酒、焚纸；磕拜

朱柏庐　**【越调·小桃红】**

香烟袅袅鬼魂招，
透视血腥貌（也），
君知道，
清兵破壁似狼嗥。
百姓涂肝脑，
忠诚士，
不屈挠。
宁玉碎，
骨气傲（也），
我父亲跳入塘共水清高。

[切入幻境：潭子湾风生水起；烟雾中，再现抗清、追杀、朱父朱集璜投河场景。

（呼介）苍天哪！
（接唱）此种恨怎能消？
除非是桥栏长出灯草。

一枝呀，你可心记了。

朱一枝　孩儿心记了。阿爹志气便是我家门风。

朱柏庐　说得好。传吾清白门风。（指点介）你看那塘上青萍虽是随流却不合污；朝代更替，不可逆转，但吾家也应肖其行迹。

[丑扮杨鹤鸣悠步上

杨鹤鸣　（念）多说三春光景好，河塘杨柳随风摇；寒窗苦尽为哪种？一顶红翎乌纱帽。我乃末科秀才杨鹤鸣，承蒙朝廷开设博学鸿儒科，总算得了功名，圆了一梦。（望介）那不是致一同窗吗？又在祭桥望祖了。前去说他几句。（前行招呼介）致一兄，你守庐三年，守得把名字改了，改成柏庐，好是一片孝心。

朱柏庐　岂止孝心。

杨鹤鸣　对对，还有忠心。可是，当今朝廷待吾儒生已是不薄了，捐了前嫌就是了。吾劝你随波逐流就是了。

朱柏庐　吾适才还对孩儿说，要像那塘上青萍随流却不合污。人各有志呀。

杨鹤鸣　志者，治家齐国也。朝廷正在用人，弃教从政，不是一样救苍生济社稷？

朱柏庐　多谢关照。我便问一声我爹，不知他老人家同意否？（面水介）爹，你听到了吗？鹤鸣劝吾同流合污，请你作个回音。

［复切入幻境：潭子湾风生水起；烟雾中，再现抗清、追杀、朱父朱集璜投河场景。

朱柏庐　（念）魂去来兮垂汗青，至和塘兮呈风骚。面对此情此景，我能戴上你的乌纱帽吗？

杨鹤鸣　此情可叹，不过，用纯兄，人生苦短，能有几个前程？回头看来，多有无可奈何，得饶人时且饶人吧，人么，应是……

朱柏庐　应是怎么？

杨鹤鸣　学会应变。

朱柏庐　应变？

杨鹤鸣　善于妥协。

朱柏庐　妥协？

杨鹤鸣　对，不必死抱一柱不放。

朱柏庐　倒是经典，不过，要吾应变，吾今天的香烟不是白烧了？要吾妥协，那水中雄魂不要上岸来骂吾？

杨鹤鸣　领教领教。

朱柏庐　**【越调·下山虎】**

　　虽是碧天日照，
　　塘水云漂；
　　也燕雀和鸿鹄，
　　荷莲蓼蒿。

杨鹤鸣　（旁白介）借物喻事，含沙射影，我只当不知。

朱柏庐　（接唱）吾坐馆执鞭，
　　父业子操，
　　造福乡党也逍遥。

杨鹤鸣　（旁白介）十只黄猫九只雄，十个教书九个穷，还逍遥哩。

朱柏庐　（接唱）你爱乌纱帽，
坐大堂显荣耀。

杨鹤鸣　知道就好。

朱柏庐　（接唱）但愿端正坐，
天理昭昭，
不要颠倒神魂横吹箫。

杨鹤鸣　说的是、说的是，多谢。不过，用纯兄，看在同窗面上，某还是进言一句，这博学鸿儒科呀，不是燕雀蓼草，机遇难得，过了这个村就没了那个店了；凭你才学，不是空手捉黄鳝……（英语腔调）捏勿牢滑忒。

【越调·五韵美】

乱云天，
杂花草，
人生纷扰无耻笑，
看一株水蓼随风倒。
寒窗烛烧，
岂能够一根筋付与无聊。
抓机遇踏正道，
共尔曹。

朱柏庐　共尔曹？这下倒是柏庐谢鹤鸣了。
（接唱）可惜是大殿昭昭，
台阶缥缈。

杨鹤鸣　你怎的这般自暴自弃？柏庐呀，听我劝，我是一片好心，一片真心，一片苦心……

朱一枝　（闻雀声）父亲，你看那树枝上的麻雀怎的叽喳不停？有点讨厌。

朱柏庐　讨厌不得，它爱叽喳就让它叽喳，我烧我的纸烛。（烧介）

杨鹤鸣　麻雀？了不得，小小年纪也会嘲人。我不是麻雀，我是冲天之鹤，懂吗？（下）

朱柏庐　你做你的芝麻官，吾做吾的教书匠。（烧纸点烛，呼介）燕雀飞兮游缥缈，魂灵归兮垂汗青。

【尾声】

吾行吾道纸烛烧；

今世路风雨潇潇，
不教苍天为我嘲。

［切光

柏庐祭父谭家桥，亦孝亦忠亦风骚；
一代乡儒重坚守，家训同时出玉峤。

（二）师　表

［黎明，鸡鸣数声；朱家宅院，转书馆

［朱柏庐（末）；朱师母（小旦）；小女（贴旦）；男女馆生若干（杂）

朱柏庐　（执帚上）

【引子·仙吕·番卜算】

鸡鸣拂晨曦，
执帚庭除地。
败枝落叶昨夜灰，
例作洒扫事。

［洒扫介

老夫二十坐馆，三十年如一日，自律家风：“黎明即起，洒扫庭除，要内外整洁。”此乃身教也。

朱一枝　（上）父亲，吃早饭了。

朱柏庐　待吾扫罢庭除就吃。

朱一枝　天气凉了，粥要冷的。

朱柏庐　冷了可热，庭除不能不扫。

朱一枝　吃了也可扫。

朱柏庐　不可不可，作息有序，不可颠倒。

朱一枝　父亲，这扫地小事你也要当真？

朱柏庐　小事？小事不小呀。立志当抓小，不抓不得了。

朱一枝　这么要紧？

朱柏庐　这么要紧。

【南吕·太师引】

人立志无卑微，
小草浅能淹马蹄。

（白夹唱）一屋不扫，
而立岁何扫社稷？
一庭不扫，
不惑年曷为人师？
玉梓树苗正气蔚。
桑树枝不修则废。

朱一枝　知了，你还得去坐馆授徒哩，快去吃吧。

朱柏庐　（转念介）也罢，这庭除你接力扫吧。

朱一枝　我？

朱柏庐　你。

朱一枝　我？这小事？

朱柏庐　（不满介）还说小事？

朱一枝　知了知了，不小不小。（背念介）一屋不扫，何以扫社稷？一庭不扫，何以为人师？

朱柏庐　你要为人师？

朱一枝　不不，我要师人。

朱柏庐　饶你聪明，免你独扫。来，与吾同扫。（递帚之）

朱一枝　啊！（接帚）

［两人边教边扫介；朱柏庐继以洒水介

朱柏庐　（接唱）竹枝帚执手有姿，
横扫有序向前移。

朱一枝　说容易不容易，扫帚柄不听使。

朱柏庐　（合头）帚持手心启帚提，
庭除扫尽不身疲。

朱师母　（上，招手呼介）一枝，叫你叫父亲吃粥，倒是洒扫庭除起来了，真是的；快来吃粥吧。

朱柏庐　快了快了。

［扫毕

朱一枝　（拭汗介）倒也蛮吃力的。（活动上肢介）倒也蛮舒适的。（拍肚介）倒也肚子饿极了。父亲，这下该吃粥了。（丢帚而下）

朱柏庐　（拾帚笑指介）孩提之童还是懵懂。

［换景：母女早餐桌上；女不慎打翻粥碗

朱师母　哎呀，孩儿，你怎的不当心，把粥碗也打翻了，作孽作孽。狼藉米粒要天打的。
朱一枝　要天打的？哪能会呢？
朱师母　老天有眼呀。还要脸上出麻子呢，叫你走不出门嫁不了人。
朱一枝　麻子？不嫁就不嫁。母亲，是粥碗太烫了。
朱师母　自己不小心，怎的怪起粥碗来了？你父亲见了定要责怪。
朱一枝　母亲，这怎么是好？把它抹掉就是了。
朱柏庐　（上，见状摇头介）且慢。不能抹掉，“谁知盘中餐，粒粒皆辛苦”。你用汤匙把它细细地捞起来，吃了。
朱一枝　父亲，这粥捞不起来，捞起来也脏了。
朱柏庐　不脏，我家内外整洁，这桌子也是一尘不染。还迟疑什么？
朱师母　夫君，孩儿还小，这次就饶了她吧。
朱柏庐　养不教，父之过。饶了她，便是饶了我自己，这不让我成了心口不一之人？
朱一枝　父亲，孩儿知了。（取匙捞介，并喝之）
朱柏庐　吾儿听话懂事，为父甚喜。儿啊，“一粥一饭，当思来之不易；半丝半缕，恒念物力维艰”是我家训，切记切记。
朱一枝　是，听从父亲教诲。父亲，我先自去馆中读书了。（下）
朱柏庐　（含颔介）

【仙吕·锁窗寒】

玉不琢怎能成器？
一张白纸好写字。
盘中米粒，
农夫汗滴；
身上寒衣，
织娘梭机。
一物一丝应苦记。

朱师母　夫君吃过粥也该上馆授徒去了。（下）
［换景：塾馆；内传诵读之声；学童甲、乙上
徒　甲　“天子重英豪，文章教尔曹；万般皆下品，唯有读书高。”
徒　乙　“朝为田舍郎，暮登天子堂。”
朱柏庐　（执书袋上，听之摇头介）读书做官，此非易事，误人也。（对徒）读

书启智，读书修身，优则入仕，仕则清廉勤政，方为正业。否则，误人误己，知否？

徒　甲　不知。

朱柏庐　好，不知为不知，知也。听我说。

【前腔】

　　读经书不可偏离，
　　务期质朴身力追；
　　志存圣贤，
　　非徒科第。
　　为官心向社稷，
　　身价岂计。
　　知否知否小孳荠。

众　徒　不知不知朱老师。

朱柏庐　（旁白）糊涂，讲得太深了，面对小孳荠，说话有趣味。（对白）不知为不知，不知使之知。何使之？尔等虚心听之，为师潜心教之，岂能不解不知？

甲乙徒　知也。

朱柏庐　不做田舍郎，要登天子堂，待到城乡一体化，叫你们登也不想登了。知否？

徒　甲　不知。

徒　乙　何谓城乡一体化？

朱柏庐　这是以后之事，暂不知。

甲、乙　暂不知，则暂知也。

朱柏庐　哈哈，犹如两小儿辩日也，好个童趣、好个童趣。

朱一枝　父亲，顽童这般顽皮，你为何还说“童趣”？

朱柏庐　顽童不坏，天性也。孩儿不必计较，循循善诱可也。

朱一枝　父亲待儿可严也，可是内外有别？

朱柏庐　严则励志，宽则启智，相辅相成，因地制宜，非内外有别，孩儿协吾。

徒　甲　老师，你知也知，不知也知，满腹经纶，无所不知，为何不知做官？

朱一枝　父师不是不知做官，而是不愿做官。

徒　甲　为何不愿做官？
朱一枝　都去做官，哪个来教你？
徒　甲　言之有理。
徒　乙　（对甲）朝中无人莫做官，癞蛤蟆不吃天鹅肉，知之乎？
朱一枝　休得戏言老师，知师道尊严乎？还不入座听授。
甲乙徒　是。（下）
朱柏庐　教不严，师之惰。果然是严师出高徒，孩儿是高徒。
朱一枝　（作揖介）高徒谢严师。
朱柏庐　孩儿不必拘谨，师生互动，如跃也，传道授业解惑也在其中了。否则，这半天课坐下来不要枯燥死了？你看，孩儿这不做了吾的小助手了？

【尾声】

一把戒尺不可欺，
是宽是严断当机，
教书育人应明智。

［切光

家教家风平凡事，授徒授课辛苦时；
为师为父当无别，为教独寻花一枝。

（三）赏　雪

［雪天；杏花酒楼；雪花飘飘
［杨鹤鸣（末丑）；舒修裁（生丑）；方公吉（丑）；崔白池（末丑）；酒家（杂）
酒　家　（上）一夜大雪，生意落尽。（张望介）哎唷，雪头走来了三个酒肉朋友，知县、秀才、方老板。你看你看，噢噢，朝我杏花酒楼来了。准备酒菜。（下）
［舒修裁、杨鹤鸣、方公吉先后上并入座
舒修裁　**【越调·杏花天】**

雪花飘个霏霏，
入吾诗，
譬如杏花落地。

杨鹤鸣　（接唱）本县赏梅，

踏雪来小上酒楼可醉。

方公吉　（念）有财无才，自有乐事；管你有诗无诗，喝酒猜谜。

酒　家　（送酒菜上）不用点菜，自会送来。三位慢用。（下）

［三人饮介

崔白池　（上）

【引子·字字双】

落雪天里狗欢喜，
惹气。
冰冻地上拖鞋皮，
穷气。
百万富翁落汤鸡，
晦气。
一失足成千夫欺，
叹气。

唉，穷困潦倒，囊中羞涩，早知今日，何必当初。酒家，拿酒来。

酒　家　（上）噢，是崔家少爷，拿酒？你前日的酒账还没结清呢。

崔白池　记账。

酒　家　不记了。

崔白池　你狗眼看穷人？

酒　家　你不穷，就是没得铜钱。你比孔乙己还孔乙己。原崔家少爷，如今人家叫你“吃白食”，去吃呀，（指介）打个招呼跟俚笃拼一桌嘛。

崔白池　这倒也是个好主意。从前俚笃吃我，今朝我吃俚笃。（上前入座）三位，天气寒冷，四方台三缺一，我来拼一桌陪陪姆笃，暖和暖和。

方公吉　陪陪吾俚、暖和暖和？说得好听，怕是吃白食吧？

崔白池　不要说得这样难听，不算“吃白食”，是“打秋风”。（入座）

苏修裁　这、成何体统？

崔白池　成何体统？

苏修裁　我是秀才，你是白皮。

崔白池　秀才？穷秀才脱贫摆架子。嘿，我当初比你有钱。杨老爷是晓得的。

【桂花锁南枝】

想当初我身价上亿，
纸醉金迷。
在场的唤我少爷，
过路的给我面子。

杨鹤鸣　这个么，是晓得的。可惜是时过境迁，风光不再了。

（接唱）滥料个家徒四壁，

崔白池　此话怎讲？你也小看我？当初你也是个“秋风客”，少了吃我的喝我的玩我的乐我的？现在也来嘲我的？

（接唱）也可怜小人得志。
说健忘，
是赖皮？

杨鹤鸣　放肆，岂敢侮辱本县。本县面孔上看得光生，臂膀上立得笔直。

（接唱）讲清廉，
不贪杯。

崔白池　好啊，翻脸不认人，你这只进不出捕鱼逮虾的“天笼”。方公吉，你说是吗？他今天肯定又是吃姆笃哉。

杨鹤鸣　放肆！本县只进不出吗？现在就走出大堂、走出衙门、走出酒楼，呃不对，是进出酒楼，喝酒赏雪，与民同乐，是进还是退？

崔白池　舌头上打滚，铜钱眼里穿斤斗。

杨鹤鸣　放肆！

苏修裁　大人不作小人言，息怒。（对崔白池）你崔白池不是吃白食的人，吃白食不是你崔白池做的事，吃了白食你还叫崔白池吗？不要面皮的人才叫“吃白食”。

崔白池　你这苏空头，嘴上好听，心里空过门；还横一个“崔白池”竖一个“吃白食”，说得我比“吃白食”还要“吃白食”。

方公吉　也罢，今天我“铁公鸡”身上拔根毛，把这杯酒请了，“吃白食”，坐。

崔白池　又是一声“吃白食”。管俚哉，老老面皮，是崔白池喝白酒。（喝介）

苏修裁　喝喝，喝个痛快。痛快过后我们吟诗，如何？

崔白池　吟诗？小时读过五言七律，学过四声音韵，不怕。

苏修裁　好，崔白池毕竟过去金贵过的，有财气。来吧，看着窗外美景，我来起个头，诸位接下。听了：

（念）大雪纷纷落地。

杨鹤鸣　开门见山，倒也大气。我的联句是“都是皇家瑞气”。

方公吉　瑞气？做官人拍马屁，有钱人却讲底气。（念）“再下三年无妨”。

苏修裁　崔白池，如何？该是你了。

崔白池　这……（气急介）再下三年？再下三年我早就饿死冻死变成死白鱼了。（分别对三人）你诗雾腾腾赏雪景；你官运亨通求皇恩；你良田万亩有余粮；我呢？

［苏、杨、方三人复读诗句以逗引介

杨鹤鸣　崔家少爷，呃，不，原崔家少爷，请吧。

方公吉　念呀。

苏修裁　我重复一遍，免你思乱不接；听了：大雪纷纷落地，都是皇家瑞气，再下三年何妨？

崔白池　我念？

苏修裁　你念。

崔白池　我接？

方公吉　你接。

崔白池　我念我接，听了。（大声介）放你娘的狗屁！

杨鹤鸣　（不禁介）岂有此理！

方公吉　（不屑介）嘿、嘿嘿嘿。

苏修裁　（不满介）粗鲁、粗鲁、粗鲁。

崔白池　**【前腔】**

虽说忍声吞气，
也不赖皮。
说是赏雪饮酒写诗，
看来借题发挥。
受讥讽打碎五味。

（悔恨介）苍天哪，悔不该当初不听柏庐先生劝告，铺张浪费，耗财无度，败家潦倒，落得个被人耻笑。罢罢罢，忍了这口气就是了。（饮酒介）嘿、嘿、嘿，难道真是悔之晚矣？不、不不不，浪子回头金不换，听柏庐先生的，重砌炉灶。

做一个回头浪子。
酒饮时，
忏我悔；
酒醒时，
洗我耻。（摔杯而下）

酒　家　（急上）呃，这酒杯？

杨鹤鸣　哈哈哈，脾气还不小呢。

苏修裁　不小不小。

方公吉　果真不小。喝酒。

苏修裁　赏雪。

【尾声】

酒楼飞雪千朵梅，
（杨）酒一杯赋诗小醉，
（方）待落枝头亦无悔。

［切光

人生得意不许醉，千金散尽怎贪杯？
一身清贫本无耻，唯恐败家几人怜？

（四）访　　桥

［阳春；采莲桥边；油菜花黄

［朱柏庐（末）；顾廉生（外）；徐好婆（老旦）；民工、村妇若干（杂）

［内传击石、呼号声；民工抬石过场

朱柏庐　（信步上）

【商调·绕地游】

阳春三月，
菜籽花黄遍。
闲来看几只紫燕。
采莲河畔，
人远声远，
披晴风随心踏然。

修桥铺路，积德行善，乡人之美事也。贤相顾鼎臣之后顾廉生为

民修缮采莲桥，又邀我撰桥联一副，不禁实地一访。好个阳春三月，莺飞草长，农人耕耘，油菜花黄，心怡气爽。（下）

顾廉生　（上）

【前腔】

待见桥拢塘面，
一件心事了断。
也敬佩也是惊叹，
能工巧匠，
手艺熟娴；
做善人也形自惭。

那不是柏庐先生吗？（招呼介）朱先生。

［迎上；柏庐上；相互作揖问安介

顾廉生　（念）春风遣君来，得意在采莲。柏庐先生，大驾光临。

朱柏庐　先生出资修桥，造福乡里，此种善举，功德无量，敬仰敬仰。

顾廉生　哎，非一人所为，众人助资，牵线而已。

朱柏庐　先生众望所归，更令人叹服。

顾廉生　羞煞老夫也。乡人助我，捐了钱粮，还捐了好口彩；你就不要点赞我了。

朱柏庐　乡人还捐了钱粮又捐了好口彩？我倒要听听。

顾廉生　你听了。（转思介）哎呀，你是个秀才，我说点彩，在你听来一般，这不是班门弄斧了？

朱柏庐　先生客气了，先生心善，言必中肯，说就是了，客气不得客气不得。

顾廉生　那就恭敬不如从命。见笑了。

【双调·锁南枝】

修桥事，
积善缘。
众人拾柴起火焰。

（夹白带唱）十石捐，十全十美月正圆；
九石捐，九九艳阳天；
八石捐，八神仙，好运传；

朱柏庐　七石捐呢？

顾廉生　（接唱）七石缸，栽枝并蒂莲；

朱柏庐　这个点彩就是精彩，通俗明白，物我一体，情景交融，有色彩。那六石呢？

顾廉生　六石捐呀……

【前腔】

你看六鳌山，
文曲星，
闪亮登场西半天；

朱柏庐　捐五石的呢？

顾廉生　（接唱）五子登科骑玉鞍，
四蹄踩江燕；

朱柏庐　这有春花踏碎马蹄香之妙。

顾廉生　（接唱）你听山梨花，
细语双眼泉：
试问君，
何时可采莲？

朱柏庐　不说也明，指的是捐三石的、捐二石的了。哈哈，是个点赞的好口彩，有趣有趣。那捐一石的呢？

顾廉生　柏庐先生，说也奇怪，这么多人捐来，竟然少了捐一石的。

朱柏庐　何也？

顾廉生　不知，真不知。难道这“一”字有所不祥？不知不知真不知。

[徐好婆匆匆上，后跟二人抬石条上

徐好婆　快稍点。（念）雁过留声，月照留影；乡贤修桥，江上留情。我老太婆家贫，也要留点心。那不是顾善人嘛。（呼介）顾先生，你修桥，我也来凑凑热闹。

顾廉生　（迎上）徐好婆，你来凑何热闹？来看看，开心就是了。修好了桥，走起来省心了。

徐好婆　就是开心，一开心，就想表表心意。家贫缺钱少米，就捐一石。

顾廉生　家贫缺钱，还捐一石？

徐好婆　就捐一石。

顾廉生　免了。

徐好婆　表表心意而已。

顾廉生　不收不收。

徐好婆　收下吧。（呼介）送石来。（两小伙抬上；朱、顾惊喜介）这一条石放在家场上无用，也就捐出来了，做个垫脚石，请收下。

顾廉生　好啊，人家是“千里送鸿毛，礼轻情意重”，你是“家贫送石条，礼重情更重”，谢徐好婆了。

徐好婆　不谢不谢。

顾廉生　**【前腔·换头】**

　　徐好婆家居纵贫贱，
　　心灵却甘甜，
　　一石落潭声溅。

朱柏庐　（接唱）二眼涟涟，
三叹梵音颤。

顾廉生　（接唱）水归塘，
荷藕鲜。

朱柏庐　（接唱）六神殿，
七星八宿九九归元石条献。

顾廉生　徐好婆，这石条正好做个起步阶。哈哈，柏庐先生，适才还说无捐一石的，这不就来了吗？正宗的一石。真有意思。

朱柏庐　人穷心不穷呀。这石，就说“一心一意”。

顾廉生　妙！有了“一心一意”，成全“十全十美”了。

朱柏庐　哈哈，不虚此行。

【前腔·换头】

　　三春草青浅，
　　一桥在眼前，
　　看石看人看善。
　　锁在寒窗，
　　怎见天地远？
　　读书人，
　　莫自惭；
　　喜和忧，
　　变成谦。

徐好婆，一石之师也，受柏庐一拜。（作揖介）

徐好婆　（扶介）受不起受不起。

顾廉生　是要躬谢徐好婆的，送了石条又送口彩，难得难得，待桥拢庆贺，必来吾家小聚。

徐好婆　不用不用，谢谢。（与抬石者下）

朱柏庐　真是好人哪。

顾廉生　柏庐先生，听说你在写家训，这也是一题呀。

朱柏庐　正是正是。你也是一题呀。

顾廉生　哈哈，“十全十美”才是一题呀。还要请你写桥联呢。

朱柏庐　桥联？已在胸中。

顾廉生　已在胸中？请讲。

朱柏庐　（念）“采莲起桨几声水调顾公乐善事，望月登桥一石心意村妪传嘉言。”

顾廉生　好，笔到意到，好联。只是“顾公”两字要不得，改了。

朱柏庐　这……呃，对对，“善欲人见，不是真善”。此乃顾公胸怀也。

顾廉生　改成“乡翁”不就得了。

朱柏庐　好，改得好。

（念）采莲泛舟几声水调乡翁乐善事，
望月登桥一石心意村妪传嘉言。

顾廉生　（远望介）远远走来的是哪位？

朱柏庐　（望介）看飘飘然的走相，怕是杨鹤鸣？

顾廉生　可是你的同窗？名声不佳呀，人说他是捕鱼捉虾的“天笼”，只进不出。

朱柏庐　真是替他脸红，好在与他久不谋面了。免得尴尬，先生，吾先走了。

顾廉生　不与他说几句？劝劝他。

朱柏庐　劝也无用。他是金龟，吾是草民。

顾廉生　那在家训里写他一条？哈哈。你走，我也走。

朱柏庐　先生不能走。

顾廉生　为何？

朱柏庐　你是他的政绩工程，杨鹤鸣要吹你几句呢。

顾廉生　人眼是秤，不必宣扬。

朱柏庐　这不叫他白跑一趟？

[同笑介

[切光

陌上春风带口婵，打桥声里说乡贤；

采花蝴蝶不产蜜，可惜一身彩色翩。

（五）调　侃

[初夏；杨宅门口

[杨鹤鸣（丑）；朱柏庐（末）；（杂）若干

[杨鹤鸣上；向内呼介：把泥土抬出宅外去，倒在河边；内回应：晓得哉。传来吆喝声

杨鹤鸣　（念）春风得意马蹄疾，一夜走遍长安城。我杨鹤鸣笃爱荷莲，念其出污泥而不染之境界。故而在院内开塘植荷，以之为楷模。

【黄钟·出队子】

荷莲信仰，

宅里开塘植荷芳。

怡吾珠眼沾吾裳。

得意书生来日长，

堂上明镜，

宅中玉觞。

咦，那不是教书匠朱柏庐吗？何处来何处去？（迎上）柏庐先生。（下）

朱柏庐　（上）

【前腔】

夏时渐长，

下课回家出后厢。

惠聚寺里梵音响。

教授奔忙为米粮。

虽说平常，

却也气昂。

[闻叫唤声，回头望介；杨鹤鸣复上

杨鹤鸣　柏庐兄，你从何处来？你往何处去？

朱柏庐　吾从慧聚寺而来，吾往家中而去，知县大人有何吩咐？

杨鹤鸣　见外了，何必如此称呼，还是“鹤鸣”称呼为好。

朱柏庐　你是乌纱帽，吾是布衣，非为同类。

杨鹤鸣　又见外了。毕竟是同窗。今日小憩，宅内小坐、宅内小坐。

朱柏庐　（闻吆喝声）今日宅内动土？

杨鹤鸣　正是，已三天了。造个小荷塘，种莲怡情而已。

【商调·二郎神】

思以往，
并蒂莲同窗共赏，
点染泼洇用墨商。

朱柏庐　（接唱）今朝异梦，
你乌纱一顶升堂。

杨鹤鸣　（接唱）我坐衙堂也不畅，
三夹板苦恼一张。

朱柏庐　（接唱）坐端庄，
影歪身正笃定大方。

杨鹤鸣　对对对，一点不错，天地良心，呃呃呃，知我者柏庐兄也；所以我以莲为本，做到堂上悬匾、宅中有塘。

（合头）心宽广，
碧莲清廉磨合成章。

朱柏庐　但愿如此。不过，听说人家给你出了一个绰号，叫……

杨鹤鸣　“杨推笼”。

朱柏庐　你知道？

杨鹤鸣　我听到。

朱柏庐　你不难为情？

杨鹤鸣　我脸薄，不难为情。

朱柏庐　你不知耻？

杨鹤鸣　我皮厚，“刺”不痛。

朱柏庐　人家羞你了？

杨鹤鸣　不羞，是一种仇富心理，不足为奇。

朱柏庐　此话奥妙。

杨鹤鸣　不奥妙，眼见为实。你看：

【商调·集贤宾】

我不营华屋挖荷塘，
恰十丈见方。
建筑资财筹自饷，
宅中泥挑出砖墙；
填充芦荡，
实可谓与民共享。
天眼望，
一片公平形状。

人家说我是只进不出的“推笼”？像吗？就看此刻，我把自家宅中的泥，挑出一筐一筐，挑出自家门堂，倒在外面池塘，只出不进，造福街坊。老同学，你说我是只进不出“推笼”？

朱柏庐　【商调·莺啼序】

心怀雅兴睹孤芳，
缺资怎造莲塘？
不坐堂锁在寒窗，
一缸莲荷便赏。
且莫言老天眼长，
父母官心忧乡党。
手莫痒，
看人家断炊缺粮！

杨鹤鸣　咦，手莫痒？此话怎讲？我手痒了长了还做什么“推笼”？

朱柏庐　看来你是“推笼”了。

杨鹤鸣　哎呀，口错口错，我是天龙不是“推笼”。

朱柏庐　不是“推笼”也不是天龙，是个地龙吧。

杨鹤鸣　地龙？

朱柏庐　地龙。

杨鹤鸣　掉到地上的龙？

朱柏庐　就是曲鳝，就是蚯蚓。

杨鹤鸣　曲鳝？蚯蚓？

朱柏庐　蚯蚓吃、扒，吐泥浆；你呢，捞、挖，倒泥浆。不是一样？

杨鹤鸣　有意思，柏庐兄巧言辩舌，像拆字先生，有道理有噱头。做个地龙也好，（狂喜介）不建华堂建池塘，不留寸土留名望。知我者柏庐也。你写家训，不可漏我一条。

朱柏庐　好呀，是要写你一条，你等着。（下）

杨鹤鸣　嘿，曲鳝？什么意思，你当我“阿曲死”？当初叫你入科你不肯，装作清高；人家坐了堂，心里不适意，还装清高？随你哪哼说，我坐我的大堂，你锁你的寒窗。你是戳我霉头。哈哈哈，我就是地龙，我这地龙往今以后连泥也不吐了。“推笼”又哪哼？我就做只进不出的“推笼”。（闻抬泥筐吆喝声）我的泥土，不要抬出去了，把它堆起来，我还要用它做假山呢。

【尾声】

书生意气绣花妆，
哪及得一印在掌？
我行我素在大堂。

［切光

乌纱敛资造莲塘，养性怡情不突唐；
一番口舌细思量，调侃成趣戏一场。

（六）劝　婶

［初秋；朱家宅院

［朱柏庐（末）；朱三观（末）；三婶（小旦）

朱三观　（倚窗阅读介，念）“君问归期未有期，巴山夜雨涨秋池。何当共剪西窗烛，却话巴山夜雨时。”（独白）这是何等的情思？这是何等的恬静？这是何等的凄婉？可是我朱三观于屋噪声不绝，于耳蝉鸣不绝，于心烦躁不绝，家无一日之安宁，怎个摆脱呀？只得另找避风港。已经向内人呈上纳妾报告，看她如何反应。

三　婶　（急上）三官呀，这妾是纳不得的呀！（暴跳介）纳妾就是找小三。

朱三观　纳不得的纳不得的，你叫我断了香火不成？

【黄钟·画眉序】

草青草衰不根枯，
花落花开为结果。
惜无儿绕膝，

倍觉单孤。

断香火脸面全无，

怎交代九泉先父？

三　婶　（接唱）奴为你育哺一女应知足，

何谓断了香火？

朱三观　哎呀，女儿再好也是要嫁出门的。

三　婶　不出门也可以招个上门女婿。

朱三观　清汤寡水的家境，谁个上门？

三　婶　清汤寡水的家境，谁个做你的妾？你也想得出的。

朱三观　有呀。

【前腔】

东弄小英姑，

姿色虽浅却温煦；

也不嫌贫富，

体格强粗。

帮助你操理家务，

更有望传承香火。

三　婶　这小英姑奴知奴知。

（接唱）俚说话好比温吞水，

恐怕娶个粘手货。

朱三观　（合头）只需生子传香火，

管她温吞粘手货。

三　婶　哎哎，你这么说，一家人家拆忒了。我定是不容。（火冒介）

朱三观　你、你、你拍手跺脚，斯文扫地，容得你、你火冒，我也冒火也。

三　婶　奴不火冒呢？

朱三观　和平解决。

三　婶　不纳妾了？

朱三观　不不纳妾了。

三　婶　不不纳妾了，那就是还要纳？

朱三观　还要纳。

三　婶　那奴就哭奴就闹。（哭闹、撒泼介）奴的天奴的地呀！

朱三观　再哭再闹我要不客气了。

三　婶　怎么个不客气？

朱三观　把你休了。

三　婶　把奴休了？好呀，你休你休。你敢，老娘叫你纳、叫你休！（又坐地哭闹介）

朱三观　（恼怒介）哼。（拂袖而下）

三　婶　（惊介）看架势，这趟要上真账哉。奴要软柴捆硬柴。嗨、嗨，有话慢慢说。（追下）

朱柏庐　（上）

【引子·西地锦】

立步庭阶暗嘘，
导演一场家庭误。
待得前厢身影动，
吾做临风玉树。

人说“清官难断家务事”，我倒要试试。三婶是个“菜萁柴”，脾气火爆，常使三叔苦恼，求我帮助，我也只能劝说一番，疗效甚少。今番斗胆开她一刀，不知……唉，也是无奈。

［朱三观过场

朱柏庐　三叔，留步。

朱三观　（留步、手示介）快，追上来了。

［三婶恰时上场；听介

朱柏庐　（过意介）三叔，这是你的不对了。

朱三观　（佯惊介）你听见了？知道了？

朱柏庐　听见了，知道了。三叔，你真要纳妾？

朱三观　知道也罢。柏庐，虽然年岁你大于我，可是辈分我大于你。我是长辈，要讲礼数。

朱柏庐　柏庐并未僭越礼数。

朱三观　僭越也罢，不僭越也罢。你要帮三叔做做思想工作。

朱柏庐　为你纳妾？

朱三观　正是。

三　婶　（慌忙上、旁听介）纳不得的纳不得的。

朱三观　俚想不通，你说说她。

朱柏庐　哈哈哈，三叔说得有趣。好呀，老侄子帮小爷叔做做思想工作。

【黄钟·滴溜子】

说糊涂，
真糊涂，
此言离谱。
糟糠妻，
糟糠妻，
应是百年厮磨。
看那尧女寻舜千里无阻，
魂泊九凝云，
湘妃泪竹。
莫演孔雀徘徊，
鸳鸯泣偶。

结发如玉，纳不得呀。

三　婶　（前白）对，结发如玉，说得一点不错。奴是三亩青竹好出生（笋）。

朱三观　柏庐，你在为哪个说话呀？

朱柏庐　为你呀。

三　婶　你还不清楚？是劝你回心转意。哼！

朱柏庐　**【前腔】**

说门户，
当门户，
立秋白露。
说脾气，
论脾气，
恰如水火。

三　婶　夫妻夫妻，吃饭穿衣，脾气又不可当饭吃的。老娘是剪刀嘴豆腐心。

朱三观　你看你看。

朱柏庐　不急。（对三婶）三婶，这就你的不是了。脾气要改。

（接唱）再看年纪身躯，
三婶声高有气度，
如狼似虎。

三　婶　一点不错。奴的肚皮功夫还硬着哩。

（接唱）香火递传，

绰绰有余。

啊呀不对呀，“如狼如虎”不是说奴脾气坏嘛？柏庐，你又在帮哪个说话呀？

朱柏庐　帮你呀。

三　婶　对对，你告诉俚，老娘还能生养，生二胎，俚不用怕断了香火。

朱三观　生养？你一声“老娘”，好比雷打，我还敢与你生养？

三　婶　哪能意思？你的胆子也是豆腐做的？

朱柏庐　三婶，三叔的胆子吾知道，是塘里芦苇绣出来的。

三　婶　啥个意思？

朱柏庐　清心。

三　婶　噢欤，风吹芦苇哗哗响，还清心哩。

朱柏庐　你就是风，太大了，芦苇要断的。

三　婶　啥个意思？

朱柏庐　你太强势了。你一强势，三叔吃不消，与你同床却是异梦，阴阳不济，怎能生养？

三　婶　哎呀，这……呃，不对呀，清心嘛要寡欲的。

朱柏庐　清心也可养神，神则生精，天地之气也。

三　婶　噢唷。

朱柏庐　夫妻夫妻，吃饭穿衣；一团和气，床笫之喜。

三　婶　柏庐老侄子，这床笫之喜，你是说笑了。

朱柏庐　三婶，说说笑是说笑，说不说笑也是不说笑。

【黄钟·滴滴金】

蝶蜂授粉花生果，
只因风和阳斜有春序；
锦鳞游弋相与孵，
只因春水流春雨沐；
青青小芦，
情牵意绵风疏疏；
大雷劈来，
芦断叶枯。

三　婶　哎呀，俚要纳妾续香火，奴怎能不“大雷雨”？

朱柏庐　三婶，你“大雷雨”在先，三叔“纳妾”在后。平时里一个不称心，你便对三叔横挑鼻子竖挑眼，俚受得了吗？

三　婶　这可是冤枉了。

【黄钟·鲍老催】

奴对俚轻声细诉，
就像眼前蚊子嗡嗡过；

朱三观　（接唱）雌雄也够看清楚。

三　婶　（接唱）俚事不力，
奴怨不怒，
咕几句，
也是清水鼻涕不冒火。

朱三观　（接唱）我是六月天里着棉裤，
白痱子一屁股。
难过啊。

朱柏庐　好了，针尖对麦芒，哪能过日子？看来，这“休”就休吧。

三　婶　啊？

朱柏庐　吾说就休吧。

三　婶　啊？

朱柏庐　三婶，你这般作剿叫三叔怎么吃得消？他是读书人，要清静。休吧，双方有利。

三　婶　奴不休。

朱柏庐　不休？

三　婶　不休。

朱柏庐　那你的脾气要改呀。

三　婶　奴改奴改。

朱柏庐　要真改。

三　婶　真改真改。

朱柏庐　哪能改？

三　婶　说话和气，像蚊子一样。

朱柏庐　蚊子咬人的，要像春风一样，这是为妇之道。还有呢？

三　婶　不发脾气，像温吞水一样。

朱柏庐　温吞水烧出夹生饭的，要冷热调节。

三　婶　对，要冷热调节。

朱柏庐　三叔是个好人，好人也要发毒劲的。

三　婶　对对，今天就是发毒劲。

朱三观　不发毒劲你肯服软？

三　婶　啊，你是来吓吓奴？哼！

朱柏庐　三婶，你又来了。

朱三观　你看你看，秉性难改，熬过初一熬不过十五，这“休”休定了。

朱柏庐　啊？

朱三观　休定了，不和解了。

三　婶　你这没良心的。

朱柏庐　（惊介）好啊，吾是曲线劝三婶的，劝个夫妻和气，安居乐业。三叔，你倒假戏真做了？上真账了？

三　婶　三观呀，你是个好人，看在女儿面上，你不要发毒劲不要上真账，奴会真心和气的。

朱三观　当真？

三　婶　若不当真，天打雷劈，马鞍山坍塌，青阳江倒流。

朱三观　那就好。这可是真戏真做。

【黄钟·双声子】

你我终身侣，
终身侣，
怎能会休书著？
求和煦，
求和煦，
无奈何假戏做。
沫相濡，
甘共苦；
平平淡淡，
西窗剪烛。

三　婶　夫君，你说的是。你也不要无可奈何想纳妾，奴也和风细雨不强势，定会……

朱柏庐　定会什么？

三　婶　哎呀，大庭广众之下叫奴哪能说出口呀？

朱三观　你不说，我来说，说个传宗接代而已。（对朱柏庐）多亏柏庐老侄子导演一场好戏。走吧，回屋去好好过日子，传宗接代。

三　婶　啊吆，传宗接代这种话，怎的放在嘴上讲的？呃，对，响应国家号召，生二胎。（同下）

朱柏庐　哈哈哈。但愿朱家门庭和顺，薪火相传，“虽饔飧不继，亦有余欢”。

【尾声】

门庭和美春风扶，
细节里少有隔膜，
蒲柳人家也欢愉。

［切光

朱子温敦亦智慧，别开生面梳心绪；
和风细雨萧墙里，才得欢愉赛玉珠。

（七）诉　　愿

［初秋黄昏；朱家内室

［朱柏庐（末）；朱师母（小旦）

［朱柏庐携朱师母上；闻吟《夜雨寄北》诗

朱柏庐　**【南吕·一江风】**

闻诗俳，
谈笑风生介，
肺腑徒感喟，
月一弯，
无雨无池，
同样寄北，
莫叹情无奈。
奴奴剪烛来，
卿卿剪烛来，
西窗双影挨，
一件人情债。（笑介）

朱师母　三观叔与三婶这么一闹，倒是真的变清静了。（微笑介）纳妾？亏他想出来的。

朱柏庐　纳妾者无有出吾朱门，这是演戏。

朱师母　演戏？你是导演？

朱柏庐　非也，是编剧。

朱师母　编剧？

朱柏庐　你听：夫妻宜温淳，切忌粗声粗气，保持居家安宁。

朱师母　这不是你的家训嘛？

朱柏庐　是初稿，有待修改呢。家训并非空谈，须是实实在在指导家庭琐事，这琐事便是人生的戏，天天在演。要把戏演好，家训是主题。你看，三叔三婶演得好不好？

朱师母　有道理。那你多写几条。

朱柏庐　夫人说得好，遵命。这就写，缀录成文。

朱师母　你白日坐馆授徒，黑夜灯烛写训，不要命了？

朱柏庐　你看清风拂青阶，明月照南窗，正是提神时光。

朱师母　夫君说的也是。

【南吕·懒画眉】

明月清风立庭阶，
几缕秋蛩琴瑟来；
虽听凄楚觉和谐。
人生苦乐无常态，

夫君立志编写家训，得益家人，得益乡里，得益社稷，也是一桩功德。

（接唱）锁尽寒窗精气抬。

朱柏庐　**【前腔】**

明月清风立庭阶，
一种秋思扑入怀；
虽听平淡亦别裁。
青桐玉露情无价，
不滴青苔滴陋斋。

夫人，这些年来多亏你打理家务，才让吾置心于从教著书，传得儒学家养；至于家训文字，原想口传而已，亏得你叮嘱笔录，才作精心修凿，难得啊难得。这正如后人所言，成功背后有我的一半也有你的一半。

朱师母　夫君客气了。是你辛苦，年未满半百，双鬓已有丝了。

【前腔】

双鬓有丝拂双腮，

多少烛花映窗台。

朱柏庐　（接唱）无声笔墨点金钗。

朱师母　（接唱）不离形影情如海，

风雨同舟一梦来。

朱柏庐　娘子说得好，同舟一梦，乃是治家之最高境界呀。

【仙吕入双调·朝元歌】

治家志怀，

一梦同舟载。

临风立阶，

三叹凭栏待。

朱师母　（接唱）庭院青桐，

见证一帘恩爱，

你我事事时时牵挂。

朱柏庐　（接唱）不求举案齐眉，

但愿心心相印忌疑猜。

朱师母　（接唱）不求富贵浮尘财，

但愿清贫盖安泰。

朱柏庐　（接唱）莫道布衣草芥，

寒窗下信诚无价；

信诚无价。

朱师母　夫君，你是庭中青桐，青枝青叶青皮，一树清风，内心一片白玉；夏有蝉鸣，却无虫蛀，奴家有幸了。

朱柏庐　夫人过奖了。无行春风哪有夏雨？家有良妻，宁无良田。清贫过日，胜如珍馐。

朱师母　夫君说的是。

【前腔】

花团锦胎，

不如一袭青桐姿态；

金盆玉餐，

哪及三盏粗茶气概。

朱柏庐 （接唱）滚滚尘埃，

纸迷金洒，

我独自书斋风采。

朱师母 （接唱）袅袅烟灰，

书斋之外司米柴。

朱柏庐 （接唱）观察禳和灾，

倾听喜与哀，

浓浓淡淡，

教书匠践行仁爱。

践行仁爱。

朱师母 “践行仁爱”，肺腑之言，夫君说得真好。

朱柏庐 月色溶溶，秋桐无语也情重。夫人，心语难得，心语不尽，待日再诉吧。

朱师母 也好，进屋秉烛研墨化成仁爱去吧。

【尾声】

初更辞月踏玉阶，

（末）夜静思秉烛书斋，

蝇字细描琢小楷。

［切光

夫妻踏月讲恩爱，一缕心思谁能解？

众里寻他千百回，那人不在赏花台。

（八）宴 师

［秋后县试之后；朱家

［朱柏庐（末）；朱师母（小旦）；崔铭仪（小生）；崔白池（末）

崔铭仪 （拎礼品上）

【仙吕·唐多令】

秋水过江津，

秋风送彩云；

适逢秋试上榜文，

百尺竿头新竹蕴，

不忘春雨润秋露频。

小生崔铭仪，年方十六，今秋赴童子试，承蒙皇恩，榜上有名，补诸生，家门庆喜，特办薄酒以谢师。登门请师去。到了。（叩门介）

朱师母　（上）门外为谁个？

崔铭仪　师母，学生崔铭仪。

朱师母　（开门介）呀，新秀才来临，请进。

崔铭仪　（拜介）拜见师母。（进门介）恩师可在家？

朱师母　在家。夫君，铭仪要见你呢。

朱柏庐　（上）哈哈，铭仪传喜来了。

崔铭仪　拜见老师。（施礼介）

朱柏庐　不必多礼，上堂入座就是了。

崔铭仪　是。（与师母上堂，入座）承蒙恩师多年教诲，始有今日，铭仪再拜了。

朱柏庐　愚师尽职而已，你也自己努力，不必多礼，请起。

崔铭仪　（起、赠礼）谢老师。略备小礼一份，请笑纳。

【仙吕入双调·嘉庆子】

竹鞭破土生竹笋，

雨带春风即师恩。

励志酬勤严谨，

殷切切，

诱循循，

如一脉，

忘不能。

朱柏庐　（得意介）多谢多谢，这是愚师之本分，何足挂齿。

【仙吕入双调·尹令】

竹秀自多风韵

虚心耐寒性韧，

你全然聪明发愤。

秉烛三更，

水到渠成集贤宾。

报个喜讯，愚师知足了，这礼也免了。

崔铭仪　多谢老师鼓励。这小礼是学生心意。

【前腔】

水到渠成怎引？

须是抚胸顾问，

师道师心师训。

载德之泉，

滴水心意点绛唇。

（递礼介）恩师，请收下吧。

朱柏庐　（推让介）心意领了，礼还是收回吧。

崔铭仪　这是乡俗规矩，家父再三叮嘱，务必请老师收下，否则会被人耻笑的。

朱柏庐　被人耻笑？

崔铭仪　乡俗规矩，岂能不遵？

朱柏庐　乡俗规矩？不知与吾治家之道可有相悖？吾是主张不贪意外之财呀。

崔铭仪　这哪里是意外之财呀，乃是礼仪之物，难不是叫我师生之间也成鸡犬之声相闻老死不相往来？

朱柏庐　铭仪言重了。

朱师母　夫君，话到此处，做老师的也不要为难学生了。

崔铭仪　师母说的是，请师母做主。

朱柏庐　你看你看，被你这一说，铭仪得意了。好好，却之不恭，愚师让令尊破费了。（朱柏庐受礼交与朱师母；暂下，持条幅复上）铭仪爱徒，这是我昨夜写的一幅墨迹，正好送给你，请收下。（授介）

崔铭仪　（收介、读介）“青桐藏月三更静，苦竹临风一叶清。”清者常情也。好，谢老师，学生铭记。

朱师母　也算是礼尚往来。这老头子也真是顶真。

朱柏庐　铭仪爱徒，问一句，令尊可好？

崔铭仪　父亲他、他……

朱柏庐　他怎么了？

崔铭仪　他、他就在门外。
朱柏庐　就在门外？哎呀，怎的不进来呀？夫人，你去请他。
朱师母　正好。（下）
［崔白池随朱师母上
崔白池　（拜介）惭愧惭愧，不才拜见朱先生。
朱柏庐　惭愧不得。你男耕女织，勤俭治家，以身作则，教子有方。往事已去，今者已追；何来惭愧？
崔白池　说的也是，听信先生教诲，浪子回头，重起炉灶，方有今日。再拜。（拜介）
朱柏庐　哎呀，拜不得了。（扶介）
崔铭仪　恩师，明日是吉日，家父稍办薄酒，以谢师恩，务请恩师到席，与师母同往。
朱柏庐　这就免了。
崔白池　朱先生，不必推让。
朱柏庐　愚师注重节俭，你是知道的。真的免了。
崔白池　朱先生，这是谢师之酒，也是乡规，免得被辱耻笑。
朱柏庐　被辱耻笑？这……
崔白池　又是旧事重提了。

【仙吕入双调·品令】

那时刻酒楼赏雪，
借景做诗文。
有人嘲吾窘迫，
辱吾败家人。
我虽咎由自取，
却也心羞惭。
多亏先生迷津指点，
把个家业重振。
耕读育儿，
才有谢师酒一樽。

朱柏庐　柏庐明白。
朱师母　（复上）夫君，人家一片诚心，你也不要难为他了。
崔白池　师母同去。

朱师母　这可不行。

朱柏庐　白池，此番设宴贺喜，请些何人？

崔铭仪　亲戚朋友，乡里贤达。

朱柏庐　县学请了？

崔铭仪　请了。

朱柏庐　该请。杨鹤鸣请了？

崔铭仪　请了。他是一县之主，不能不请。

朱柏庐　那吾想去也不去了。道不合，不相为谋也。

崔白池　先生听讲：今我宴他，非为敬他；广庭之下，让他看看，我崔家还有翻身之日；不言之中，出我一口窝囊之气，洗我一笔受辱之耻。

朱柏庐　好，说的也是，有智慧，长精神。

崔白池　谢先生。

朱柏庐　吾去。只是吾与他同宴不同桌，同酒不同杯，同流不合污。

崔铭仪　老师放心。家父早有准备：家有小院，院有梧桐，家父特于树下置桌，请来同窗好友，喝酒赏月，师生同乐。

朱柏庐　此举甚嘉，知我者，铭仪也。

【仙吕入双调·豆叶黄】

情分远近，
宴分疏亲；
因是同酒不忍同杯，
因是同流不忍厮混。
耕读生员，
相提并论，
一株梧桐青纯。
［重句］一株梧桐青纯，
同乐师生，
浊酒一樽。

崔铭仪　**【前腔】**

师心似冰，
家训如珍。
一张请柬也虔，

一片真心也诚。
更添欣喜，
不遗殷勤。
秋竹秋声秋韵，
［重句］秋竹秋声秋韵。
一愿相许，
还是师恩。

朱师母　奴也来唱个几声。

【仙吕入双调·玉交枝】

师生缘分，
苦用心点墨染成。
你们寒窗研冰写策论，
暑竹借荫读诗文；
光阴过目惜似金。
文章满纸还严谨，
但愿你攀登峻门，
望秋水转眼逢春。

崔铭仪　谢师母美言励志，铭仪铭记。师母，明日家宴与老师同去。

朱师母　哎，这可破了乡规民约了，叫你老师如何写家训呀。

朱柏庐　（笑介）你可听见了？

崔铭仪　（思介）听见了，听师母的。

朱师母　还有，不要醉酒了。

朱柏庐　说的也是，醉酒误事。若是闯了红灯，秀才功名也要革掉。

崔铭仪　知了，谢老师，谢师母。

崔白池　请柬也带来了，请收下。（送柬介）

朱柏庐　（收柬阅请柬介）谢谢。这也是为师之乐也。

崔白池　朱先生，明天见。（与铭仪同下）

朱师母　夫君，看你把请柬看了又看，难得的看重呀。

朱柏庐　唉，吾不是说了，这也是为师之乐也，诚是不可小觑。

朱师母　把它写进你的家训里。

朱柏庐　可以一写，哈哈哈。

［切光

一封请柬关心境，欲报师恩一笔亲；
月照梧桐黄昏酒，未斟已饮八樽情。

（九）赏　灯

[元宵节；朱门、至和塘灯场
[朱柏庐（末）；朱师母（正旦）；杨鹤鸣（丑）
[朱柏庐持家训条幅上

朱柏庐　十年寒窗考了一个秀才，二十年坐馆授了九个秀才，三十年耳闻目睹写了五百字家训，趁个元宵佳节，张贴几页于廊柱、墙壁之上，以示家人族人。

【南吕·锁窗寒】

月一轮半院清光，
佳节元宵和美堂。
宫灯一盏，
香烛成双；
点缀喜庆，
小巷短廊。
锁窗寒儒巾墨香。

[研墨书写介

朱师母　（上）哎耶，夫君，孩儿们等着你赏灯去呢，怎的在研墨写字呀？

朱柏庐　吾不去了，你们去赏吧。

朱师母　一年一度的元宵节，好是热闹，你忙活了寒暑，怎的不去消遣消遣？去吧。

朱柏庐　（思介）外面热闹这里清静，正好写字，还是你们去吧。

朱师母　你不去奴也不去了，陪你。

朱柏庐　真的肯陪吾？

朱师母　妇随夫心，怎的让你孤寂？不陪也得陪。奴去跟孩儿们说一声。（下）

朱柏庐　真是难为她了。

【前腔】

三十载厨房书房，

影形不离享寡汤。
相濡以沫，
不觉鬓霜；
清贫不言，
富贵不望。
怎轻弃灯节时光。

搁笔停墨，夫妻赏灯去吧。（呼介）夫人，且慢。

朱师母　（复上）夫君，与孩儿们说好了，让他们自去赏灯猜谜去。

朱柏庐　说好了？

朱师母　说好了，都已去了。你是改主意想拦着他们？

朱柏庐　哪里。他们去，你我也去，夫妻观灯。

朱师母　你与吾同去观灯？

朱柏庐　同去，同去赏灯，还可猜谜。

朱师母　不写字了？

朱柏庐　字，天天可写；赏灯猜谜，一年一度，难得。

朱师母　难得？你也知道难得，怪不得今夜明月特别圆特别亮。

朱柏庐　夫人说笑了。

[转场：灯笼连缀，灯光璀璨

朱柏庐　上街观灯火，移步怡心肠。

【南吕·懒画眉】

火树银花月堂堂，
青袖红裙喜气扬，
怎错过一年一度好时光。

朱师母　（接唱）夫君心悦神思爽，
奴家形影相随碎步行。

朱柏庐　夫人，你看：

【正宫·中普天乐】

玉龙桥人头晃，
接龙灯铜鼓响。
那状元灯高挂桅樯。
打灯人鞭炮乒乓。
看呀，

桥下荷灯轻漾，

绣球逗绣娘。

白鹤若翔，

玉兔安康。

朱师母 **【前腔】**

至和塘珠练亮，

眼迷花心舒畅。

百花街灯画登场，

半山桥灯谜扬长。

赏呀，

娄江八景，

烟雨出粉墙。

玉山风情，

谜底猜详。

夫君，且去猜它一谜。

朱柏庐 夫人不急，吾先自出一谜，你可猜之。

朱师母 只怕猜不出。

朱柏庐 不难，应景应情而出，你应景应情而猜，定能猜出。听了："元宵抛绣球。"

朱师母 绣球为花吧？上有明月，下有绣球花，应景应情，应是"花好月圆"。

朱柏庐 正是这好口彩，夫人聪明。

朱师母 别夸了，多是你指点。夫君快看，那至和塘上徐徐飘来的游灯，好是悠闲。

朱柏庐 那是青莲灯吧，好灯好灯，出污泥而不染，为人如斯，为官如斯，天地之美也。

朱师母 似见观音杨柳水，天人合一祥和景。

朱柏庐 夫人，那是什么灯？

朱师母 六棱九宫灯。

朱柏庐 近处看去，必有谜语。（上前介）果然是六个面六个谜。让吾一一道来："鲜嫩嫩红嘴绿鹦哥，黄澄澄金镶玉如意，热腾腾清炖街沿石，香喷喷八宝菜刀汤"；都是打菜名的，夫人可猜得出？

朱师母　这个嘛，昆山人都是知道的。

朱柏庐　那吾怎的不知？

朱师母　怕是身居寒窗不进厨房之故吧。

朱柏庐　正是正是，夫人说了。

朱师母　这里还有一个故事呢，听了故事便知谜底。

朱柏庐　夫人请讲。

朱师母　那一年，昆山遇灾荒，本乡名臣顾鼎臣下乡察访，饥饿中来到他的过房女儿陆素珍家中，陆素珍一时间家无食料，匆匆煮了这三菜一汤，吃得顾鼎臣心满意足。

【前腔】

炒菠菜鲜鲜亮，
豆芽黄齐齐放；
炖豆腐热气呈祥，
还有一茶盏饭粢焦汤。

饭粢是菜刀上刮下了的，便叫菜刀汤。

朱柏庐　原来如此。这谜底便是家常的菠菜、黄豆芽、炖豆腐、饭粢汤。

（接唱）妙呀，
聪明织娘，
俗蔬富贵相，
形状鲜明，
色泽流芳。

乡土风味，好。只是“热腾腾清炖街沿石”一谜稍有不雅，街沿石清炖，炖到猴年马月？我来改一改。

朱师母　不能改，这是故事，那情那景只有顾鼎臣的过房女儿陆素珍才知。

朱柏庐　饱汉哪知饥汉苦，有道理。

朱师母　也是打趣说的，当真了，就没趣了。

朱柏庐　贫而不贱，苦中作乐。打趣得好，打趣里有智慧，打趣里有乐道，打趣里有乡情。顾先生入乡随俗，贫富一家，也是一德，难能可贵。合吾家训：“自奉必须俭约”“家门和顺，虽饔飧不继，亦有余欢”。

朱师母　夫君说得透彻。要是活过三百年，办个农家乐，烧个农家菜，定不输你教书匠。

朱柏庐　（笑介）能。（指介）请听第五谜："割不死韭菜拌茭白。"又是一道菜谜，只是谜面谜底倒挂了。

朱师母　简单，这谜底还不是"臭中带香"？

朱柏庐　不妥，韭菜的味出来了，茭白的味呢？

朱师母　那就改成"有臭有香"。

朱柏庐　也不妥，茭白是讲嫩的，哪有说香的。夫人，看来我们偏味丢色了

朱师母　偏味丢色？（思介）知了，韭菜色青，茭白色白，可是"清清白白"？正是正是，"青青白白"，清清白白做人。

朱柏庐　猜之有理。家常菜里明道理呀。夫人不出厨房门，能知世上事，不简单。

朱师母　夸不得夸不得。再猜西侧之谜。

朱柏庐　（念介）"左邻有衣无食，右舍有食无衣，两家互助，足食丰衣。"打一字。

朱师母　有点深了，眼前一片空白。

朱柏庐　吾已知也。

朱师母　奴不知。

朱柏庐　那吾说了：一个"裕"字。

朱师母　果然这字，夫君毕竟胸有翰墨。

朱柏庐　哈哈，点墨而已，不过，触类旁通，这谜倒也能入吾家训：见贫苦亲邻，须加温恤。家常菜里明道理。

朱师母　（行介）那边荷灯可是美丽，那灯谜怎说？

朱柏庐　（念）"掬水月在手。"

朱师母　有点意思，夫君可知？

朱柏庐　似知非知，可是与元宵有关的？

朱师母　不是。倒是与外孙女有关的。

朱柏庐　与外孙女有关？这倒怪了。（思介）你视外孙女为珍珠，吾也知了。

朱师母　请讲。

朱柏庐　且慢，你我表个手势，同猜。

朱师母　也好。

［旦摘珠于手掌介；末洗泪于手掌介

朱师母　夫君为何洗泪？

朱柏庐　男儿之泪，女眷之珠。

朱师母　明白了。你我伸出掌来。

［两人同时伸掌，同时而语：“掌上明珠。”

朱柏庐　妙哉，好一个“掌上明珠”。

朱师母　这谜语身在民间，不在子集，夫君怎猜着？

朱柏庐　心有灵犀一点通，你视外孙女为珍珠，夫人传感于吾也。

朱师母　夫君趣笑了。

朱柏庐　不过，吾不喜“掌上明珠”；视女如掌上明珠，势必养娇女，远贤淑，家门必乱。

朱师母　这是两码事。

朱柏庐　事虽两码，理则相通。这样入训可好？“居身务期质朴，训子要有义方。”

朱师母　好，子女兼顾，一视同仁。

朱柏庐　夫人，夫人，今宵赏灯，不在书斋胜在书斋，值也，

【南吕·一江风】

出寒窗，
心静听划桨，
目睹荷花放。
赏元宵，
月影姗姗，
灯影憧憧，
灯谜藏绝唱。
凭栏问梓桑，
凭栏问梓桑，
前生恍若逢，
今夕犹如梦。

［唱曲中杨鹤鸣坐轿上

杨鹤鸣　（念）街塘千盏灯，博吾一声笑；知县也风流，只欠无妙曲。（忽闻介）想到妙曲就来妙曲，让我走上前去。哦，却原来是朱夫子，难得难得。（听介、毕）落轿，（下轿介）好，元宵赏月几声唱，山塘看灯一盅情。入景入情，想不到年兄雅兴也浓。

朱柏庐　原来是知县大人，也不放过这良宵美景，难得逍遥。

杨鹤鸣　不是逍遥，而是“与民同乐”。

朱柏庐　与民同乐？说得好，杨知县长进了。不过，这赏灯的人群不是徒步而走，便是结伴而行，有几个像你坐轿的？这一坐轿，上不见明月，下不闻民声，怎的与民同乐呀？

杨鹤鸣　年兄又说笑了。我，这不下轿了？与你同行同乐了。堂上乌纱帽，轿下青长袍，这不是“与民”了吗？

朱柏庐　好口才。

杨鹤鸣　多谢。

【北曲中吕·朝天子】

明月一轮水归堂，
七彩花灯照粉墙；
好心情乡风习俗尝。
欲占光，
乌纱亮；
小轿坐，
有便查访。

哪哼，工作旅游，天下通行，我这知县官坐坐轿子有何不可？

朱柏庐　你真是唱的比说的还好听。知县大人，那边八戒灯上有条灯谜，不妨引你看一看猜一猜。（引前介）请读。

杨鹤鸣　（念介）猪鼻头上插葱……

轿夫们　……装象。

杨鹤鸣　（怒介）混蛋！（气急对朱）你、你你……（转蔑笑介）年兄，说得好，你还是清高！（对轿夫）起轿。（上轿介）本官还要去坐灯船喝酒赏月呢。猜你的谜，唱你的“昔事如谜，今事如梦”吧。（上轿下）

朱师母　夫君，何必呢？

朱柏庐　是呀，何必呢？想起家训云“为官心存社稷，岂计身价？”便又不“何必”了。

朱师母　你呀，家训乃治家之语，何必呢？

朱柏庐　家国一体，岂能分离？

【中普天乐】

月汪汪三星亮，

看繁灯心迷惘。
那金鱼灯好个吉祥，
偏偏黑鲤头钻进水缸。
哎呀呀，
我心无旁骛，
嘲他别装象。
朗朗乾坤，
怎忍轻狂。

杨鹤鸣 （湿漉漉狼狈上）灯船醉酒，望月落水。（对朱）嘲我坐轿，差点送命。与民同乐，却是作孽！

朱柏庐 作孽？好好的元宵佳节，被你一落水，更是风景大跌。

杨鹤鸣 风景大跌？唉，作孽作孽。（下）

朱柏庐 今日落水，当心明朝落马！夫人，我们自去赏灯。

[切光

朱家夫子出萧墙，一种新鲜揉断肠。
走马看灯猜谜语，半山桥上古风扬。

（十）赠　训

[二月十二百花生日；朱家宅屋

[朱柏庐（末）；朱师母（小旦）；朱一枝（小旦）；外孙女（旦）

朱柏庐 （伏案书写介）

【南吕·步蟾宫】

寒窗紫竹陪勤勉，
寂寞孤灯常现；
付春秋积累三十年，
沥血呕心可瞻。

五百十六字，格言书一卷；广厦三万间，哪及一生安？好也，落笔生花，研墨有情。（字迹亮相：治家格言）赠吾小外孙女。

朱师母 （携朱一枝上）

【前腔】

登枝喜鹊蝶花恋，

外孙女相亲俊彦；
对得拢八字生辰签，
花好月圆有缘。

喜事。今天是二月十二百花节，好日子，外孙女来提亲，呃，错了，看奴喜糊涂了，是人家来给外孙女提亲。是个好女婿，特来告知夫君，也让俚喜一喜。（呼介）夫君，喜事到了。

［进门介，旦见礼

朱柏庐　（迎上）夫人，何喜之有？

朱一枝　告父亲，你的外孙女有了婆家了。

朱柏庐　是喜事。被聘哪家？

朱一枝　归家。

朱柏庐　可是震川先生之后？

朱一枝　正是。

朱柏庐　倒是好，世上书香门第，门当户对。两人可是相识？

朱师母　相识，就在上元节赏灯时辰一见钟情。今天说媒来了。

朱柏庐　喔，“众里寻他千百度，蓦然回首，那人却在灯火阑珊处”，倒有点浪漫蒂克。

朱师母　啥个浪漫蒂克，是天地作合。

朱柏庐　一个意思。只是那孩儿品行如何？

朱一枝　那孩儿是读书人，知书达礼，孝顺父母，只是家境不宽。

朱柏庐　家境不宽？

朱一枝　耕读人家，薄田几亩，聊以度日。

朱柏庐　“朝为田舍郎，暮登天子堂”，好，（转思介）不过，登不了天子堂呢？

朱一枝　这，倒叫奴如何说好？

朱师母　就像你教书度日。

朱一枝　对，教书度日。

朱柏庐　教书度日，吃“老米饭”？这个么，哈哈哈……

朱师母　（惊介）夫君，为何而笑？

朱柏庐　笑你糊涂。

朱师母　笑奴糊涂？这倒真叫奴糊涂了。

朱一枝　父亲，女儿也糊涂了。

朱柏庐　怎的你也糊涂了？他家不宽，吾家不裕，贫贱夫妻，何时出头？你这做外婆的也不心痛？

朱师母　这，奴家更是糊涂了。

朱柏庐　（认真地）更是糊涂？就这么一个外孙女，你叫她吃苦去呀？

朱师母　啊？

朱柏庐　难道我这教书匠清贫得不够？

朱师母　这……

朱柏庐　你舍得？舍得像你跟吾度日？

【南吕·锁窗寒】

　　看清贫老屋残檐，
　　庐上柏枝度暑寒。

朱师母　（疑介）寒门度日不嫌苦，有何不妥？

朱柏庐　（接唱）衣无细软，
食常素餐。
酒空瓦坛，
长铗空弹。

朱师母　（疑介）勿贪口福讲俭约，有何不可？

朱柏庐　（接唱）你织机杼西窗夜短。

朱师母　不入机杼怎知“恒念物力维艰”？（不满介）是你所言，怎的变得不好了？

朱柏庐　（合头）可叹，
布衣辛苦徒然。
惹得门庭冷落雀喧。

朱师母　吃得苦中苦，方为人上人。（惊异介）哎呀呀，你脑子进水了？何时门庭冷落？何时雀喧？

朱柏庐　莫道脑子进水，（感叹介）布衣一身，让你委屈了，为夫惭愧；难道还叫小辈重蹈覆辙？

朱师母　夫君，惭愧不得，奴家乐意。

【前腔】

　　说清贫阖家和安，
　　庐上柏枝挂孝廉。
　　授徒设馆，

造福乡垣；
家训有言，
美谈传遍。
不冷落常人点赞。
（合头）清贫，
留取一屋勤勉，
胜于九枚金簪。

朱柏庐　夫人，多谢坚守。（哭介）哎呀呀，叫吾落泪了。

朱师母　夫君，怎的还要落泪呀？

朱柏庐　此心可信，喜也，（转笑介）哈哈哈，吾知也，夫人果然遵吾家训重人轻财，重吾家训，家门有幸也。

朱师母　原来是夫君考考奴家。（生气介）好也！

朱一枝　母亲不要生气。原来是父亲激励女儿。

朱柏庐　惭愧惭愧。

朱一枝　父亲母亲，你俩老治家为人，女儿心知肚明。

【前腔】

道清贫悦色和颜，
藕莲一枝带露鲜。
看一池清水，
几层漪涟；
并蒂夫妻，
污水不染。
也愿我薪火相传。

朱柏庐　清贫，不可悲；可悲，怕清贫。外孙女的亲事定得在意。

（合头）这婚聘，
一笺连理合欢，
一笺百合百年。

［三人相对而笑介

外孙女　（欣喜上）外公，送我的《治家格言》可是写好了？

朱柏庐　好了好了，就进去拿与你。（下）

朱师母　外公对你的婚事可是满意？

外孙女　满意。

朱师母　不嫌归家清贫？

外孙女　不嫌。外公说，清贫养人。

朱师母　这老头子，果然考起奴家来了，好个气人。

外孙女　怎的？

朱柏庐　（复上）不气不气，你不是考了个满分？（亮训、授训介）小外孙女，好好读，像你外婆一样，做治家的模范。

外孙女　知了。

朱师母　（学样介）知了。

朱师母　外孙女呀，这家训是你祖父三十年锁窗寒锁出来的。

外孙女　知道了，字字珠玑，句句天理，是个传家宝。

朱师母　（学样介）是个传家宝。（众笑介）还要去照着做的。

【尾声】

步蟾宫，锁窗寒，

一笺心愿两重天，

（末）不求闻达求安然。

[切光

朱门家训一线牵，一折传奇展眼前；

不教柏庐千古事，迷离滚滚红尘间。

2016年6月11日完稿于玉山小桃园

亭林风骨

剧情梗概

在苏州府学（范仲淹创办）道山亭上，顾炎武、归庄、张溥和钱谦益先后亮相，自嘲说笑，表达各自对科举、仁义、忧乐的观念。隔墙是孔庙，随着韶音传来，祭孔上场，顾炎武颇为感叹，表露他崇尚“仁义天下”的儒家思想，以及对失守仁义的感叹。而此时北方狼烟欲燃。

清兵终于杀到昆山，县丞阎茂才投敌；顾炎武投入抗清斗争，杀奸焚衙，而好友吴其沆殉难。顾炎武悲愤已极。

顾炎武一家遭兵灾，不得已浪迹天涯。一天，在苏州市井卖席偶遇归庄，两人相拥而泣，诉说别离之苦；也认识到反清复明无望，准备回故里千墩。

顾家家奴陆恩见顾家败落，另攀高枝叶方恒。为帮叶家侵占顾家八百田亩，两人狼狈为奸，欲告顾炎武“通海”，以灭其族。顾炎武得悉后，设计先发制人，将其沉塘，但因此惹得牢狱之灾。

归庄为救顾炎武，舌斗叶方恒，胜之；又去说服钱谦益，钱谦益答应救顾炎武，但要顾投他门下，归庄无奈，忍辱代为写之，却被顾炎武责骂。之后，钱谦益探监，劝说顾炎武做官，来个“曲线出狱”，被顾炎武拒绝了。

出狱后，顾炎武决定北漂做学问。归庄等人送行，场面悲壮。

漫长的北漂之路上，顾炎武交友、读经、探古、拒官、著作，写出“天下兴亡，匹夫有责”之巨言；并于梦中与归庄相聚，叙说离情别绪，“归奇顾怪”实为大志铸就的亭林风骨。

三百年后，顾炎武、归庄故地重游，目睹欣欣向荣之景，耳闻楚楚动听之音，感慨万千。

时　间　明崇祯元年至清康熙十七年。

人　物　顾炎武（生）　昆山千墩人，字宁人，人称亭林先生。明清时期思想家，爱国学者，著有《日知录》《天下郡国利病书》等；爱国名言“天下兴亡，匹夫有责”原创者。

归　庄（丑）　昆山人，字玄恭。明大文学家归有光之后，亦为著名文学家、书画家。一生贫困潦倒但依然正直忠义，不苟世俗。

张　溥（生）　太仓人，崇祯三年中举。复社吴中惊隐社领袖，主张并带领逐阉，作《五人墓碑记》留于世。崇祯十年被阉党余孽毒死。

钱谦益（末）　常熟人，字牧斋。文史名士，明万历进士，曾任礼部侍郎。降清后曾任礼部尚书，曾被排挤下野。

吴其沆（武生）　字同初，嘉定人，生员，精南北史。在抗清杀奸中殉难。

阎茂才（丑）　昆山县丞，专管水利。降清后任知县。

土国宝（外丑）　清江苏巡抚。

王　氏（正旦）　顾炎武妻。

翠娥娘（小旦）　小酒店老板娘、顾家邻里。

熊赐履（副末）　清翰林，《明史》编修。

徐乾学（副末）　昆山人，清翰林，顾炎武外甥。

张尔岐（副末）　经史专家，民间学者，精通《仪礼》，善句读。顾炎武至交。

傅　山（副末）　经史学家、诗画家。隐士，号朱衣道人。顾炎武至交。

（一）自　嘲

［明崇祯二年夏秋之交；苏州府学道山亭，隔墙为孔庙

［顾炎武（生/17岁）归庄（丑/17岁）张溥（生/26岁）钱谦益（末/42岁）

［幕启人物造型：顾炎武执书侧立昂首介；归庄举杯邀饮介

张　溥　（执扇上、念）青霄有路终须到，金榜无名誓不归。

【南吕·步蟾宫】

蝉声未断秋无影，
多少书生三省？
苦寒窗烛泪帖括横（帖括：指科举考试），
付却青春光景。

吾乃太仓生员张溥。今年乡试在即，我等书生寄宿苏州府学进修待考。今日心烦意乱，便在竹林石径上清醒清醒。不觉道山亭可见了，登高去。（望介）呀，那不是昆山顾宁人、酒疯子归玄恭嘛？都是复社同道，会他一会。（行介）

【仙吕·桂枝香】

星连月屏，
这两人不离形影。
恰少年同岁同庚，
又赋诗古今纵横。
姿如银杏，
姿如银杏，
横空掩庭，
亭亭云岭。
相与倾，
俯首书一本，
邀饮酒一觥。

（呼介）昆山顾宁人、归玄恭。（下）

[顾、归应声而动

顾炎武　驱阉党，撰写《五人墓碑记》者太仓张溥上亭来也。

归　庄　不可糊涂，我也该酒醒了。

顾炎武　**【仙吕入双·风入松】**

道山亭上睹风情，
碧霞池头荷馨。
隔墙孔庙柏枝静，
轻轻望那边心净。
荷动蝉鸣柏青，
科举事一杯羹。

归　庄　（合头接唱）我也杯盏独醒，
欲将一壶带进考棚。
张　溥　（复上）好个杯盏独醒，狂言忘却范文正公之训："先天下之忧而忧，后天下之乐而乐。"
[顾炎武、归庄相对放声大笑
顾炎武　溥兄心高，毕竟有名望之辈，宁人佩服。
张　溥　见笑了。
归　庄　先忧后乐，人云亦云，天下有几个遵而践之？你听那满嘴仁义道德者，偏是干不完那男盗女娼。
张　溥　玄恭又在说酒话了。
顾炎武　玄恭之句不无道理，君不见乡官、生员、里胥吮吸民脂民膏，礼崩乐坏，实为三大害也。
张　溥　乡官、里胥为害，听闻不绝；生员之害，礼崩乐坏，危言耸听也。
顾炎武　生员之多，举国五十万，通经通史者能有几何？通当今事务者有几何？通农商水土者有几何？不择手段骗入庠序从中渔利倒是通而又通。士者之耻也。
张　溥　怪哉，宁人身为秀才，不怕自痛，竟然自骂起来了。
顾炎武　还有两眼"斗鸡"（形状），不肯直面世界，免得血压偏高。
张　溥　真的自嘲了。
归　庄　这就是一个"怪"字？秀才秀才，不修不裁；岁试出榜，一批蠢材。
张　溥　你也是蠢材？
归　庄　蠢而又蠢。不修边幅，落拓不羁，提壶赶考，怕做奴才。
张　溥　水墨丹青，文笔酣畅，实为"奇"才。
归　庄　（自指）归奇……
顾炎武　（自指）顾怪。
张　溥　自嘲有趣，一对宝贝。
[皆笑介
张　溥　你看，常熟钱牧斋怎的走上来了？虽是已过不惑之年，依然风流倜傥，踌躇满志，倒是一个俊才。
归　庄　只是塌鼻梁。塌鼻梁，无主张，只怕是个歪才。
张　溥　不可嘲他了。他是府学前辈，而且已有功名，只是正回乡赋闲，失意人前不说风凉话，免得尴尬。

归　庄　也罢，自罚一杯。（饮介）

［末扮钱谦益便服摇扇上

钱谦益　（念）走上青霄穿玉袍，玉袍一脱又离朝。哈哈哈，官场失意，还是一笑，自嘲了自嘲了。

【仙吕入双·沉醉东风】

赋闲中聊解郁情。
访府学重温贤圣，
明伦堂道山亭，
幽幽石径。
一把扇摇摇渐进。

（望介）呀，张溥他们早已捷足先登了。

（接唱）我是谦谦俊英，
堂堂四品，
怎与那少年气盛，
怀揣鼎旌？（欲下，被亭上呼唤，复上；施礼介）

三位在上，有礼了。

［三人还礼：先生客气了

钱谦益　三位定是纵横捭阖，谈论国家大事。家国情怀，风云于胸。牧斋早已耳闻。

张　溥　先生客气了。只是自嘲尔。

钱谦益　自嘲？你们也自嘲？何故自嘲？

顾炎武　吾等不才，明知帖括无用，偏去乡试，知其不为而为之，岂能不自嘲？

钱谦益　自嘲不得。宁人讲实学，有经世致用之志，玄恭有妙笔生花之才，人谓奇谓怪，文人相轻之辞也，不足挂齿。论奇，也是刮目相看之奇；论怪，也是鹤立鸡群之怪。

张　溥　好一张伶牙俐齿。

归　庄　说得我酒也醒了。

钱谦益　玄恭笑吾了。不过，劳心者治人，不言科举何以晋爵？不得进爵何以参政？不得参政何以经世济用？不得经世济用何以先忧后乐？

归　庄　生姜还是老的辣。

顾炎武　先生重科场，折桂蟾宫，准能重返庙堂，为社稷多多忧乐，吾等期待之。

钱谦益　多谢了。

顾炎武　**【仙吕入双·嘉庆子】**

科场之水深似井，
明月沉浸捞不成。
月碎月圆皆影，
形有影，
影无声；
虽是近，
隔无情。

张　溥　宁人又怪说了，科场既如井中捞月，我等也是空欢喜了。

钱谦益　不可泄气。你看吾，身虽在野心犹庙堂，何也？

归　庄　可听掬手捧月之说？你把水捧在手掌，井水变掌水，月在掌中，不就捞到了？

钱谦益　玄恭又出奇语，妙、妙妙。

归　庄　妙、妙妙妙，你在猫叫了。

［众笑介

钱谦益　玄恭，你还欠我一张水墨呢。就画个“井猫叹月”吧。

归　庄　拿酒来。

钱谦益　不难，画来酒到。

［孔庙中传来祭孔《韶乐》，随之祭孔队伍上，表演祭孔仪式；悠悠过场。众人同台观之

顾炎武　倒是听那《韶乐》留有诚意。

【正宫·雁过声】

钟鸣，
礼乐意境，
悠悠然天籁空灵，
可惜了人心不古几多醒？

钱谦益　（接唱）受钟磬净耳屏，
我将顺天命万里鹏程。

归　庄　（接唱）唯有杜康能酩酊，

张　溥　（接唱）自嘲今日相与赠，

　　　　仲秋怕听雁过声。

钱谦益　此话怎讲？

张　溥　感叹“雁过声”呀。

顾炎武　君不见雁过声里有烽火狼烟、铁骑马鸣。

［众人观景生叹介

幕　后　**【尾声】**

　　　　　　听罢韶音听钟磬，

　　　　　　君不见狼烟熏猛，

　　　　　　欲断蝉声与荷声。

［切光

（二）突　变

［清顺治二年夏（明弘光二年；1645年6月）；苏昆城乡间

［杨永言（昆山县令、末）；顾炎武（生）；归庄（丑）；吴其沆（武生）；兵民若干（杂）；阎茂才（丑）；土国宝（外丑）；清兵若干（杂）

［战火中阎茂才率军士守城上

阎茂才　**【北曲仙吕·点绛唇】**

　　　　　　风雨南朝廷，

　　　　　　飘摇苏昆。

　　　　　　临受命，

　　　　　　偏叫守住城门，

　　　　　　说一声杀身不离阵。

　　　　（念）战火纷飞马蹄疾，将军百死昏鸦哀；鞑靼兵临势如虎，我自守城有孤胆。（白）某昆山县丞阎茂才是也。县令杨永言杨大人奉命赴苏救援，留我守城，我当杀身成仁。

小卒甲　（急上）报！苏州城破，杨知县带箭回昆。

阎茂才　啊！杨大人何在？

小卒甲　还在路上。

阎茂才　快快接应。

小卒甲　得令。（下）

阎茂才　（瞭望介）呀，鞑子已经杀将过来了。

［清将土国宝率兵丁上

土国宝　**【仙吕·番卜算】**

踏碎马蹄声，
血沾红翎缨。
我从云里降天兵，
步步风尘滚。

（呼介）城头阎县丞听着，快快打开城门。

阎茂才　你为谁个，怎知我大名？

土国宝　吾乃江南巡抚土国宝，令尔等开门迎接。

阎茂才　不得杨知县之令，不得擅开城门。

土国宝　哈哈哈，苏州早已城破，杨知县不知去向也。

阎茂才　啊！

土国宝　阎县丞听了，本巡抚委你为知县，开门迎驾，免除兵灾。

阎茂才　这……

土国宝　识时务者为俊杰，不开城门，拿头来！

阎茂才　呀！

【仙吕入双调·六么令】

如雷击顶，
拒开城门身首两分，
爹娘岂不白养身？
风随草，
命随运，
当机立断求归顺。（重句）

好汉不吃眼前亏。也罢，在下遵命就是了。（对守卒）还不下楼开城去？

守　卒　不能呀，大人，倷刚才还说“杀身不离阵”，一转身怎的叫开门迎敌了？

阎茂才　大丈夫随机应变！（见守卒不动）你敢抗命？（拔剑刺卒，守卒应声倒地）

［切光换景：夜色中顾炎武、归庄、吴其沆由苏回昆路上；行介

顾炎武　**【南吕·一枝花】**

披星离苏郡，
戴月返昆镇。
沿江仍争阵，
血未尽。
浅草露浓，
汗湿书生鬓。
一脉娄江水，
百里浮沉，
多是一腔仇恨。

吾等抗清于苏城，不料寡不敌众，血战一场而遁，天不济吾也。唉，快去守昆城！（侧耳听介）好像有欸乃之声。

吴其沆　（望介）宁人兄，夜色中果然有渔舟摇来。（呼介）渔家，可从昆城过来？

渔　家　（上，场景交融）昆城已陷，我等走也。

顾炎武　为何欲走？

渔　家　县衙已颁《剃发令》，“留头不留发，留发不留头”，去不得。（下）

归　庄　发乃父母之血脉，岂能削之！

顾炎武　此令逆吾祖训，人必乱，吾当速速前往。

吴其沆　正是，敢冒天下大不韪者，（亮剑）吾当诛之。

[切光换景：县衙门前，群情激愤

[阎茂才持《剃发令》布告上；人声嘈杂

阎茂才　少安毋躁。（挥布告介）大清之旨，能不听吗？（群情激愤）少安毋躁。要做大清的顺民，像本官一样。你们看，削了发，留个长辫子，谓之金钱鼠尾，多金贵！头上戴笠红丝饰之，多好看！

归　庄　阎大人，你且把红丝戴笠给吾一戴，看好看不好看。（众人骚动）

阎茂才　少安毋躁。归庄，你又口出奇言了，这戴笠红丝是本官用生命换来的，岂能戴于你头上？好吧，你要戴也不难，只要按令办事，本官荐你一个书画院院长，正局级。

归　庄　好呀，（上前取布告阅介）哈哈哈，以父母血脉换一纸正局级，不合算。（撕介）

阎茂才　大胆！

顾炎武　阎茂才，你把整个昆山城拱手让于鞑子，说胆子，你也不小呀。

（众怒介）

阎茂才　你，哟，是千墩亭林先生，你把苏州保住了？杨知县呢？把你耍了？你敢回来，大堂之前，还敢挖苦本官，说大胆你也大胆。来人呀。

衙　役　喳！

阎茂才　把他捆了。

衙　役　喳！（不动）

阎茂才　动手呀。

衙　役　喳！（仍不动）

阎茂才　喳、喳喳，不动手，喳个何用？

［众哄笑介

吴其沆　（挺身而出）你不动手我动手了！

阎茂才　你为何人？小小年纪敢来轧闹猛。大胆！

吴其沆　立不改姓坐不改名，嘉定生员吴其沆。

阎茂才　一介书生，敢做出头椽子，大胆！

吴其沆　又一个大胆。年小志高，我就是大胆！

【南吕·梁州序】

养兵根本，
挥戈临阵。
你却苟延夺印。
贪图官运，
作奸犯科利熏。
助纣为虐贪生，
天不容你，
不毙也如粪。
还敢妄言口吐气昏昏，
天理难容怒发振，（亮剑）
亮吾剑将尔刃。

阎茂才　你反了！

吴其沆　何谓反？为民除害！

［众呼：为民除害，杀了狗官。吴其沆与阎茂才格斗几番，一剑刺杀阎茂才。

[群情高涨，呼喊：既杀狗官，继烧狗衙。

归　庄　别、别别，这狗衙不是狗衙，乃是六百年古建筑，文物，烧不得。

顾炎武　也是大明基业，烧不得。留得青山在，不怕没柴烧。是烧不得。

民　妇　咦，果然是“归奇顾怪”，此时此刻，还说笑话。

民　丁　乡土沦丧，何惜片瓦？烧！烧就是了。

[众响应；火起

归　庄　还是一把火烧了。也罢。

【前腔】

剑惩昏蠢，
火焚衙坟，
冷眼暂平气愤。
风云突变，
管它文物古董，
换取丹心雪恨。

顾炎武　（接唱）振臂一呼，
共饮生死恨。
还我河岳还我城，
朗朗乾坤作证，
书生气壮士魂。

[马蹄声起。人群中声起：鞑子杀来了！

吴其沆　家国不存，何惧杀身。（挺身而战；众皆参战）

[一场混战；吴其沆奋战；倒于血泊

顾炎武　其沆小弟，醒醒，我的其沆小弟。（扶其直立）

吴其沆　吾死值也；身后无忘慰我家母。

顾炎武　尔母即吾母，为兄心记。

【南吕·香罗带】

一从相见君，
孤胆赤诚；
长剑出鞘年少巾，
苏城浴血尚留痕［也］。
勇以猛，
质不悛（悛：悔恨也）；

终刚强兮无可凌。
血肉相连［也］，
家祭年年告毅魂。

幕　后　（念）操吴戈兮被犀甲，车错毂兮短兵接。身既死兮神以灵，魂魄毅兮为鬼雄。

［切光

（三）早　酒

［顺治四年清明节后；昆山千墩游家小酒肆

［陆恩（丑）；翠娥娘（小旦）

［顾家男女祭奠，举幡扬锭招摇过市。在乐声中展示古风俗

［小旦扮翠娥执壶上

翠娥娘　（念）冷落清明过酒肆，举幡扬锭招摇市；不见瓦轮生雀草，瘦死骆驼比马肥。（白）唉，也是作孽，偌大一个顾家，看它一天天败下去。兵荒马乱中死的死伤的伤，烧的烧逃的逃，家不成家了。还做啥个清明呀。唉，大人家就是打碎酱缸架子在。（望介）阿陆头来哉。有数码，冷盆三碟，水酒一开。（下、复上）哎呀，忘了自报家门。我是千墩游家小酒肆老板娘，小名翠娥。前年官人病故，老板娘转正当老板，人家呢就叫奴翠娥娘。唉，命里苦，也要过。（下）

陆　恩　（提小竹篮上）

【商调·风马儿】

一过清明换春衣，
晨醒过酒一杯。
兵荒马乱劫余后，
几经周折，
盘算着新枝。

（呼介）拿酒来。（进门介）这竹篮嘛，将吃剩的带回去，这叫打包。

翠娥娘　（应声复上）来哉。（旁白）炒熟黄豆猪头肉，一壶水酒拌豆腐，开销省，派头大。（对白）阿陆头，请吧。

陆　恩　（入座饮介）顾亭林回来了？

翠娥娘　哪里呀。日不见夜不现，呒没哩。

陆　恩　还在外面混？这顾宁人也不安宁，抗清抗清，抗得家破人亡，浪迹天涯。清是抗得了的吗？败了败了，没得望头。

翠娥娘　不说不说，顾家人听见了不开心。

陆　恩　不开心？我才不开心呢！

翠娥娘　你不开心？（恍然）噢，你是顾家投过帖子的家奴，树倒猢狲散，是要不开心。

陆　恩　家奴？我是家奴吗？

翠娥娘　哦，不是家奴，不是家奴，是猢狲。

陆　恩　啊？

翠娥娘　不是猢狲是门生。

陆　恩　这就对了。唉，爬山虎爬在烂泥墙上，阿要倒霉？

翠娥娘　墙坍壁倒，爬山虎拉倒。那你……

陆　恩　顾不得情面了，只能……

翠娥娘　另攀高枝。

陆　恩　哈哈哈，知我者翠娥娘也。

【仙吕入双调·六么令】

春风得意，
杨柳依依百鸟唧唧。
那顾家墙坍壁倒一摊泥，
爬山虎，
另攀枝。
高枝独占迁门第，
高枝独占迁门第。（饮尽介）

行了，今天高兴，打包不打了，这几块猪头肉留着转盆变卖，你，多赚几个钱；我呢，趁顾家上坟，去他家转转。

翠娥娘　顾家人去楼空，你去转啥价？

陆　恩　这个么，天机不可泄漏。（旁白）去寻寻顾亭林抗清“通海”的蛛丝马迹。

【尾声】　人生好比做生意，
算盘珠嘀嗒响起，

便有一把蝇头利。

[切光

（四）浪　迹

[顺治十二年初夏；苏州横街巷口

[顾炎武（末）；归庄（丑）；小蠡贼（杂）

[顾炎武穿短装背草席上

顾炎武　**【引子·仙吕·天下乐】**

浪迹江湖任毁誉。

访陵吊古走街衢。

饥寒才晓柴米贵，

蠡祖训辞实不迂。

孩提之时不惜饭米，祖公训吾：不惜一粥一饭，何以惜天下？要是天下沦丧，连庭中草也无食也。哈哈，应验了。（叫卖行介）阿要浒关草席？最后一袭了。（自语）还好，十席卖九席，一席图吉利：浪迹江湖，留吾一席之地也。唉，走街串巷，也蛮吃力的，既留吾一席之地，何不席地而坐？（坐介、复枕席而卧）

小蠡贼　（蹑上）上梁君子难为做，顺手牵羊把命图；转辗街头饥饿苦，眼前见个睡蒲夫。前去看个动静。（蹑上窥介、惊退介）哪能眼睛朝天睁开着？怪哉，难道醒着？不像。（复上、闻鼾声响、复惊退介）我的妈呀，打起雷来了，吓我一跳。（转思）嘿，这雷不打不知道，一打倒提醒：俚正醉在梦乡。大胆动手！取他腰中钱囊。（欲取、见翻身）哎呀呀，哎呀呀。（复上欲解其囊，闻巷口人声又缩手）好事不过三，坏事三不过，倒也难窃。

[丑扮归（归庄僧衣打扮）酒醉状上；指点小蠡贼介

归　庄　（念）我是酒中仙，越醉越清醒；拟看一个朝天睡，一个团团转。来来来，喝！喝！

[小蠡贼误以为喝他，惊慌中退步倒地有声；顾炎武被惊醒

顾炎武　大胆小蠡贼，竟敢动我钱囊。

小蠡贼　大爷饶命。实在饥饿难熬，动了邪意。

顾炎武　果真饥饿？

小蠡贼　果真饥饿，看我骨瘦如柴。

顾炎武　小小年纪，唉，饥寒起盗心，（摸出小钱予之）这小钱聊以充饥；还不快去改邪归正。

小蠡贼　（磕头）谢恩公谢恩公。（下）

归　庄　（误听、醉眼对末介）感谢“归正”？我有何可“谢”？这“归正”两字是你叫得的吗？

顾炎武　（转身视介）呀！这不是家徒四壁提壶科考的玄恭老弟吗？奇了奇了。

归　庄　（酒醒介）呀，这不是心存天下家无宁日的宁人仁兄吗？怪了怪了。

顾炎武　你怎在这里醉酒？

归　庄　你怎在这里卖席？

顾炎武　**【仙吕·醉扶归】**

这真是醒着偏醉心如煮，
禁它不住泪如珠。

归　庄　（接唱）也真是醉着却醒思犹愚，
泪珠盈眶流不住。

顾炎武　（接唱）昆城一别六年余，
谁言分离苦？

归　庄　**【前腔】**

你浪迹天涯任飘旅，
长夜短梦空自许。

顾炎武　（接唱）今日市井偶相遇，
也是天公作合地相助。

归　庄　（接唱）漂浮芦苇亦当归，
倦鸟返林屋。

［两人相拥而泣

小蠡贼　（兴冲冲上）恩公恩公。（惊疑介）怎的两人抱团哭泣？定是不期而遇、久别重逢的人。让我再呼一声：恩公！

顾炎武　（泣止）你怎的又回来了？

小蠡贼　恩公，我把钱还给你。

顾炎武　你哪来的钱？

小蠡贼　是人家给的。

顾炎武　哦。

小蟊贼　刚才谢过恩公，一路走去，买了一副大饼油条充饥，见一老妪摔倒在桥下，我前去搀扶起来，老妪家人得知，便赏我一把钱，便有钱还你了。你卖席营生也不宽裕呀。

归　庄　你不是“碰瓷”吧？

小蟊贼　碰瓷？哪会呢，我是改邪归正了。

归　庄　又来“感谢归正”？感谢我做啥？感谢他。（见顾示意）这样吧，小钱不要还了，去打壶酒来。（递酒壶）再买一点卤汁豆腐干，多退少补，一并结算。

小蟊贼　应该。（下）

顾炎武　玄恭，你差点露了你我真姓实名。

归　庄　无所谓。

小蟊贼　（复上）恩公，酒打来了，卤汁豆腐干豆也买来了，请用。（下）

顾炎武　钱？钱、钱钱。

归　庄　差不多，多一点也是他情愿的，少一点更不计较，做大事者不拘小节。（指点介）我们去井台那边铺席饮酒吧。

[上前铺席饮酒介

幕　后　**【插入曲·吴歌】**

走尽天涯何处居？
街头沦落筋骨舒；
朱门老去熏风恶，
浊酒一壶不糊涂。

归　庄　（畅饮三盅）宁人，想不到一介书生变成这个样子。

顾炎武　（饮介）是想不到，可是已经轮到了。

归　庄　**【商调·山坡羊】**

你独漂漂青萍无渡，
孤零零秋雁无处；
冷飕飕芦塘苇扶，
没奈何雨过花碾土。

顾炎武　（接唱）雁不孤，
残花甘为土。
我在太湖聚义扇白羽，

穷窿山中读兵书。
奈何，
孝陵凭吊许，
蹉跎，
商贩南市闾。

归　庄　**【前腔】**

我是宇一帧二壶甘露，
三江行四方独步，
曾经五黄天梵音剃度，
六朝寺拜倒菩提树。
鹊桥七夕渡，
思凡回草庐。
八仙过海歌“离黍”，
九醉糊涂实狂徒。

顾炎武　（接唱）糊涂？
芙蓉出泥污；
狂徒？
侠风在城墟。

唉，你我还是难兄难弟。

归　庄　还是“归奇顾怪”，呜呼，饮酒！

［两人饮介

顾炎武　大明积重难返，想不到如此不堪一击。

归　庄　户枢不蠹，此枢蠹而又蠹。（醉状）宁人，酒后吐真言，我说，大明气数已尽，你也不必去想它了。

顾炎武　唉，也算是吧。不过，天上不见白日，海上还有风云。

归　庄　（嘘声示意）莫谈海上之事，那是“通海”，定为死罪。张溥写过史可法的祭文，如何？被毒死了。饮酒，难得糊涂。（饮介）倒是牧斋如愿以偿晋爵了，叶方恒也中了进士当大官了。

顾炎武　人各有志，不稀罕。倒是吾与叶家还有一笔田亩之账，须得理清。是该回家了。

［小蠡贼牵一老翁上

小蠡贼　恩公，这老人家要买草席一领，你这草席可是……

顾炎武　哈，小把戏，你倒也热心，做起营销来了。

老　翁　只是价钱……

归　庄　我做主，进价，不赚你一分。

［众乐意介；交易介；杂下

【尾声】　　（顾）巷头卖席非穷途，

（归）喜相逢杯酒如故，

（顾）也能天下即茅庐。

［切光

（五）通　　风

［顺治十二年秋；千墩顾宅

［顾妻王氏（正旦）；翠娥娘（丑旦）；水香（贴旦）；家仆（杂）

王　氏　（移步上）

【商调·忆秦娥】

青螺堕，

墙垣破落沉沉锁，

沉沉锁，

梧桐婆娑，

思妇清坐。

奴家王氏，出身太仓，嫁得顾家，屡遭不测，家境维艰，前些日小儿夭折，苦泪流尽，还不知夫君何时归家。

［民歌曲“叹五更”声起

【商调·集贤宾】

秋空静谧更漏过

奈独守愁多。

思妇谁家五更歌，

越墙来飘飘如波。

奴盼夫喏，

秋水望穿山欲破。

怜他常颠簸，

长日雨搓风磨。

（唤介）水香，拿酒来。

[婢女水香应声置酒于石台上

水　香　太太，借酒浇愁愁更愁，饮少些。

王　氏　难得你关照，奴知。（饮介）从来奴不沾酒，实在心中郁闷。（念）屋漏偏逢连夜雨，船沉又见踏舷声；枯蓬枝折乌雀弄，禾稻乱时稗草生。

水　香　太太，水香明白了，这乌雀是陆恩，没良心的，让他去吧。

王　氏　一个陆恩不算什么，怕的是背后有人。

水　香　是哪个？叫他站出来。

王　氏　就盼当家人归来了。

[闻敲门声

水　香　谁呀？（欲出）

家　仆　（上）翠娥娘欲见太太，不知可否？

王　氏　她是熟人，请她进来。

[仆人下，翠娥娘上

翠娥娘　顾家太太呀，这里没有外人，我对你说。（耳语介）

王　氏　啊？“通海”？亏他想得出的。

翠娥娘　不假，早上陆恩来小店喝早酒，多喝几盅，一得意，说了，说顾先生“通海”，有证有据，是一种死罪。不得了。俚不许奴声张，奴想来想去，还是来通个风，叫先生不要回来。就这几句，奴走了。（下）

水　香　太太，啥叫“通海”？

王　氏　不用多嘴。

【商调·黄莺儿】

这乌雀是恶魔，
动干戈欲嫁祸，
灭门顾氏心计裹。
明知有讹，
何以揭破？
倒叫奴举杯又放心如磨。
怎奈何？
望君归速，

一起把雀罗。

［夜色中虚拟越墙声

水　香　呀，太太，有人越墙。贼！

王　氏　莫嚷。（细察介）是先生，快去引他进房。（同下）

［切光

（六）惩　　奴

［三天后；顾宅、桌椅

［顾炎武（末）；王氏（正旦）；陆恩（丑）；翠娥娘（丑旦）；家仆数人（杂）

陆　恩　（摇扇花步上）小酒一杯，活如神仙；闲来早上，打探打探。听说顾炎武回来了，怎不见动静？我也该出手了。（进门呼介）翠娥娘，拿酒来。

翠娥娘　（应声端酒菜上）来了来了，听到你的脚步声，酒菜就备好了。老三样：炒熟黄豆猪头肉，一碟小葱拌豆腐。

陆　恩　一清二白。知我者，翠娥娘也。（饮介）翠娥娘，顾家大先生回来了？

翠娥娘　喔哟，你不问，奴也忘了告诉你。顾先生回来了，听说今天还设家宴为他接风呢。

陆　恩　设家宴？接风？胆子倒不小。

翠娥娘　阿陆头，你们是上下级关系，又是世交，不会不请你吧？

陆　恩　这、哈哈，请，去；不请，也去。

翠娥娘　不请自去是失面子的。（突然介）阿陆头，你看，顾家丫鬟水香出门来了，手里挽着竹篮子，定是买菜去了。哟，朝这里走来了，（迎介）水香，你上街买菜呀？

水　香　（挽篮上）天下太平了，先生回家了，摆一桌，拜拜祖宗，吹吹晦气。呃，对了，翠娥娘，你的五香猪头肉味道好，太太说，给我家备好半个。

翠娥娘　备好半个？

水　香　不上祭桌的；筷头多，充充下酒菜。（移步上前介）呀，阿陆头喝早酒？都听见了？太太正叫奴请你呢，正巧，省得上门了，这厢就算请了，今晚来为先生洗尘。

陆　恩　这、也罢。（拱手介）谢了，晚上见。

水　香　不要忘了。（下）

翠娥娘　阿陆头，你说话口气哪哼生喷喷的。

陆　恩　洗尘？我洗俚什么尘？

翠娥娘　不愿洗尘那你就别去呀。

陆　恩　我正要去。

［切光转场；顾家中堂；桌椅、银烛

［顾炎武端坐主椅、王氏左右张罗介

［内呼：陆恩到

陆　恩　**【双调·夜行船】**

带个鬼胎来赴宴，

一摊牌纸窗捅穿。

我是大树为攀，

鱼腥可粘，

莫道狼狈为奸。

顾先生，别来无恙？

顾炎武　陆恩，你也会斯文了。

陆　恩　“斯混”？这……

顾炎武　请。

陆　恩　谢座。

［王氏、众家仆入座

王　氏　（敬酒介）我家先生终归家门，一幸，先敬为喜，干。（众饮介）众家人助奴看家打理尽忠，再敬为谢，干。（众饮介）三敬世交家奴阿陆头陆恩光临，干。

顾炎武　慢，陆恩不是要解除吾主奴关系吗？

众家仆　啊？

陆　恩　不必惊讶，确有此事。不过，买卖不成仁义在，太太说得对，毕竟是世交，陆恩有礼了，以干为敬。（饮介）

家仆甲　既知世交，何以弃主？

陆　恩　这是两码事。人心向背，自古有之。呃，趁着酒兴，（掏出契约）请先生把这依附契约解除了。

［顾炎武接过契约，稍视；置烛烧毁

顾炎武　如何？

陆　恩　不愧大人家出身，痛快。不过，还有一幅纸文也请先生过目。

顾炎武　何等纸文？

陆　恩　（掏出纸文）先生看了便知。

顾炎武　（接之；移步读之）"长看白日下荒城，又见孤云海上生。"（惊介）啊，此乃壁上条幅，怎的在你手中？

陆　恩　想不到吧？哈哈，先生稍许惊恐了。"白日"为谁个？"孤云"又为谁个？

顾炎武　（惊定）你说呢？

陆　恩　你说呢？

顾炎武　应景墨迹而已。

陆　恩　说得轻飘。"通海"之意吧！那轮"白日"是朱明朝廷，败落下来了，而那片"孤云"在"海上"升起来了。"孤云"不就是郑成功吗？复辟、复辟！哈、哈哈哈。

顾炎武　你，血口喷人！

陆　恩　那就朝堂上见。（拂袖欲去）

王　氏　（阻介）阿陆头，总得说个明白，怎能一走了之？再说，酒也没喝够呢。

陆　恩　好吧，看在太太面上，不走。杯酒论雌雄。喝，顾先生，好自为之。

王　氏　阿陆头，顾家待你不薄呀。

【仙吕入双·惜奴娇序】

你祖籍淮南，
因贫寒行乞，
由顾家收揽。
工钿吃住，
从无一息亏愆，
经年，
积蓄余钱置田产，
遂发家，
门户建。

（白）可是羽翼未丰，还是依附顾家做靠山。

顾家遭急难，
叶家乘机把你收买，
背后抽鞭。

陆　恩　太太高明。

【前腔·换头】

叶翰，
树大如天，
可遮风挡雨，
笃定泰山。
攀枝附宦，

（旁白）乌龟爬门槛，但看此一番。送个见面礼，到时候，
坐堂小吏升迁。

王　氏　噢，送个见面礼，坐坐办公室，好呀。不过，这与顾家有何瓜葛？

陆　恩　有。（手示“八”字）明白了吗？

王　氏　不明白。

陆　恩　（再手示“八”字）明白了吗？

王　氏　真不明白。

陆　恩　真是女人头发长见识短。

顾炎武　无礼！终究露出个假斯文。也罢，这“八”字，指的可是顾家抵押叶家的八百亩田产？

陆　恩　顾先生也聪明了。是新科进士叶方恒叶老爷家。

顾炎武　他想趁顾家多灾多难，索要赎金，赎金不到位，行将吃灭。

陆　恩　哎呀，这话就说得难听了，怎的是“吃灭”？

（接唱）莫喧，
欠债还钱符天宪；
过了期，
契约废。

顾炎武　八百亩契约尚未到期呢？

陆　恩　（接唱）奈何天，
“通海”罪名成立，
有期无期一张空笺。

顾炎武　哈哈哈，明白了，这就是你的见面礼？捕风捉影，设下圈套，套

吾手脚，送吾官司，从而帮叶家夺吾八百亩田产，可谓机关算尽，其心狠毒呀！不过，陆恩呀，哈、哈哈哈……

陆　恩　何笑之有？

顾炎武　笑你聪明过头。

陆　恩　聪明过头？

顾炎武　其实吾早有防备。

陆　恩　早有防备？

顾炎武　只是当个面弄个明白，免得把你错怪。看来果真不假，你居心不良，诬陷无辜，吾顾宁人“宁无可宁”了，只能以毒攻毒！

陆　恩　原来是摆的“鸿门宴”？也罢，你要怎的以毒攻毒？

顾炎武　你以假乱真，搞个先入为主；我就以真乱假，来个先发制人！

陆　恩　先发制人？

顾炎武　以免后患。家仆们，把他捆起来。

陆　恩　你个“顾怪”之人，敢？

顾炎武　**【仙吕入双调·黑麻序】**

你处心积虑，
却自缚作茧，
错打算盘。
偏利令智昏，
忘了恩怨。
听然，
我堂堂一生员，
坦诚不隐瞒：
告内奸，
白纸楷书条幅，
是我夙愿。

复明，何罪之有？可惜，晚矣。（叹息过）几年苦难炼个胆，吾这“顾怪”就是敢！拿下！（家仆捆介）不忠不义丑无赖，留你作践白米饭？（不屑介）沉塘！

陆　恩　沉塘？不敢吧。

顾炎武　“顾怪”一怪到底，（声嘶介）沉塘！（稍顿）还要临场发挥，在这副对联上加个横批，让你死个明白。“长见白日下荒城，又见孤云海上生。”横批是“严惩奸奴”。

陆　恩　啊？你、你你……顾先生有话好说……顾师母饶命……（在绝望声中被拖下）

顾炎武　夫人，快去报官。

王　氏　啊？

顾炎武　你去报官。

王　氏　不。

顾炎武　大丈夫，一人做事一人当！夫人啊，

【仙吕入双调·黑麻序】

凄然，
顾门多难，
愧夫妻常隔，
望月兴叹。
恨家奴叛主，
官司牵连。
坦然，
祸生我杖鞭，
灾来你靠边。

王　氏　夫君，何出此言？

（接唱）话犹偏，
患难夫妻同仇，
骨断筋连。

夫君啊，奴岂能报官。

［相拥而泣

顾炎武　此情可信，却是无用；唯报官陈述吾等正当防卫杀有辜之奴，才无大碍。天理昭明，君子坦荡。去吧。

王　氏　夫君。（泣拥介）

［切光

（七）奇　访

［三天后，叶府；后转钱府

［归庄（丑）；叶方恒（丑）；钱谦益（外丑）

归　庄　（匆匆上）

【双调·谒金门】

归未几，

冷箭接踵而至。

野猫闻着鱼腥味，

惹来牢狱事。

顾宁人呀不宁人，前事未了后事生。你哪能可以杀人呀？这穷祸闯到南天门。哪哼办呢？硬硬头皮找冤家。（下）

［切光换景：叶府中堂；叶方恒背立转身

叶方恒　【前腔·换头】

一个喷嚏落地，

惊得灰飞尘起；

倒是走路小心翼翼怕踩蚁，

却不料好马被犬欺。

某叶方恒，字嵋初，先主崇祯壬午举人，当朝顺治戊戌进士，现任济宁道佥事，虽不门庭显赫，却也走得上台面。陆恩乃我新奴，正为我奉命行事，却被顾炎武沉塘灭了，是可忍孰不可忍？哼，杀我无辜之奴，该当何罪？来人啊！

归　庄　（踱步上）来了。

叶方恒　（转身观介）哪哼是你？

归　庄　正是我，酒疯子归玄恭。有礼了。（作揖介）

叶方恒　酒疯子？这是你自己说的。哈哈，是来当说客来了？

归　庄　不敢。大清有律，按律行事。

叶方恒　既然按律行事，来此何用？

归　庄　律外有律呀。

叶方恒　律外有律？律外何律？

归　庄　人情之律。

叶方恒　人情之律，笑话。噢，明白了，是私了？

归　庄　有点私了。

叶方恒　有点私了？怎么个了法？

归　庄　官大一级压煞人。你正五品，正厅级；知县芝麻官，七品，副处级。你去说一声，叫他把宁人放了，他不敢不听，官了里带点私了。就这个了法。

叶方恒　混账，你敢嘲弄本官，来人，把他轰出去。

［家仆上

归　庄　别、别别，进士老爷，昨夜里，我做了一梦，有点蹊跷，特来告知你。

叶方恒　你不要突发奇想，走吧。

归　庄　（一本正经对杂）听见吗？叫你们走吧。（杂面面相觑）还不快走，叶大人欲听本人说梦，天机不可泄漏，是你们听得的吗？

［杂面面相觑；叶苦笑地挥手；杂下

叶方恒　归疯子，有噱头，喧宾夺主。说吧，有何奇梦？但不要不讨趣了，我是唯物主义者。

归　庄　哪敢？但确是奇梦。

【中吕·泣颜回】

昨夜梦迷离，
飘飘袅袅如痴。
待听童稚，
鼓唇拍手而啼：
“带叶黄菰李，
不及那一个大荸荠。”
一缕烟歌罢飘离，
踏祥云一鹤冲飞。

进士老爷，这梦如何？

叶方恒　此乃乘风纳凉之时说笑之辞，不足奇。

归　庄　梦中儿歌之味何辨？

叶方恒　乳臭未干之声也，无须辨。

归　庄　你不辨，我辨。“带”者，谐音“戴”姓也；叶者，贵家姓氏也；

黄者，黄族世家也；顾者，顾炎武家族氏也；李者李家名门也——五姓乃昆山五大名门望族，你是知道的。下句“大荸荠”者，为谁家？

叶方恒　不知。

归　庄　真不知？

叶方恒　难不成是指柴王弄之徐家吗？

归　庄　老爷聪明。

叶方恒　这又怎的？

归　庄　听我释之。表面听来，这童稚唱的是“带叶”的黄瓜、“水八仙”之一的茨菰和芬芳桃李之李子不及一个“荸荠”大，骨子里是说戴家、叶家、黄家、顾家和李家五家的家势加起来不如徐家一家大。梦中并呈白鹤祥云之象，天意也。

叶方恒　小儿荒唐，徐氏徐开法，虽是殷实，却是乡绅一个，轮不到“大荸荠”呢。

归　庄　今日轮不到，往后呢？你不知，徐家三位公子，不同凡响，旷世之才，都是未来状元、将来的“大荸荠（徐）”。（耳语介）嘘，不可泄漏。

叶方恒　那你怎么被泄漏了？

归　庄　玄机。

叶方恒　怎说？

归　庄　玄机。

叶方恒　玄机？

归　庄　玄。

叶方恒　玄？

归　庄　我是玄恭呀。

叶方恒　你是玄恭也。

归　庄　玄者玄妙也，天机之精也；恭者，敬受之心也。玄机敬受，故我知之。

叶方恒　奇闻。

归　庄　不奇。顾家今不如昔，但与徐家联姻，郎舅亲，是大亲，不是小亲，一荣百荣，你是知道的，不要防防以后尴尬？

叶方恒　这……

归　庄　再说，顾宁人乃当今名士，为一个趋势附炎的小人而剑拔弩张，何必呢？可要败坏你的名声。

叶方恒　此话怎讲？

归　庄　你也是饱学之士，此话好讲。昔楚子兰杀屈原，后人读《离骚》吊屈子而唾子兰；魏姚贾诛韩非，后人读《韩非子》惜韩非而骂姚贾——抹不掉的骂名呀！难道你欲步子兰、姚贾之后尘不成？让后人读了宁人之著而骂你叶嵋初吗？名声为重、名声为重。

叶方恒　你、你你，好个归玄恭，一张巧嘴，含沙射影，借古讽今，气杀本官也。（抱头呼痛介）我的头、我的头！（家仆上，扶下）

归　庄　头痛哉，一过性高血压。哈哈，不过如此。外强中干，还五品正厅级呢。

【前腔·换头】

稀奇，
一只大荸荠，
吹煞老叶傲姿。
含沙射影，
点明利害关系。
讽今借古，
断阴阳断你黑心事。
玉亭亭不怕影斜，
鬼祟祟唯恐眉摧。

旗开得胜，索心赶场，到常熟钱谦益家里去再露锋芒。（下）

［切光转场

钱谦益　（执笔案前）

【中吕·菊花新】

大明山水大清旗，
无可奈何花落时。
何必乱穿衣，
不见王谢燕旧时堂邸？

某钱谦益，字牧斋。牧斋牧斋，为谁而牧？斋于何处？身为大明南朝礼部尚书，却又为大清放牧看斋。奈何谓之？（书写介）

门　人　（上）大人，昆山归庄求见。

钱谦益　你看我正忙着。（思介）他早晚要来，那就请吧。
门　人　是。（下）
归　庄　（上）归庄拜见钱大人。
钱谦益　哎，见外了。玄恭一向不拘小节，怎的行起大礼来了？
归　庄　此一时彼一时，牧斋飞黄腾达，身价不同了，岂敢无礼。更鄙人特地赶来常熟，有事相求。
钱谦益　不急。
归　庄　不急？
钱谦益　玄恭，你还欠我一幅水墨呢。来得正是时候，笔墨现成，务必赏光了。
归　庄　（无奈介）也罢，小试就是了。（画介、毕）献丑了。（授之）
钱谦益　（收之观介）不是“井猫叹月”，而是一株幽兰，妙，大手笔，有灵气。不过，怎的不见根须？
归　庄　牧斋呀，国土不存，根须何生？
钱谦益　呃，哈哈，玄恭还是玄恭，画中有话，清高清高，牧斋不如。
归　庄　牧斋，顾宁人之狱事，想必听闻了。
钱谦益　有所耳闻。
归　庄　我是来求助的，看在过往同道，务必伸出贵手。
钱谦益　不难。
归　庄　好呀，就听此话。在下磕拜了。（磕介）
钱谦益　这就你的不对了。男儿膝下有黄金，怎的这般形状？果然是“归奇顾怪”。起来吧。
归　庄　（起介）头顶一个“义”字，何惜膝下有金银？
钱谦益　难得难得。昔有韩信，今有玄恭也。就凭这句话，宁人救定了，（稍等介）但有一个手续须急办。
归　庄　请讲。
钱谦益　免得同僚闲话，请宁人投一个门生帖子，如何？
归　庄　牧斋，此举欺人也！宁人为何等样人，难道忘了同登府学道山亭自嘲之景？他能拜你门下吗？
钱谦益　做个样子嘛，让我有个说法。
归　庄　这不成。
钱谦益　人出来了，帖子也便随之还予他的呀。

归　庄　宁人脾气你也知晓，决不肯。

钱谦益　那就为难我了。（转思介）你代为他写一帖，如何？

归　庄　这门生帖子哪有代为写的？不成。

钱谦益　特事特办嘛。

归　庄　特事特办？也不成。

钱谦益　那就无能为力了。

归　庄　当初府学道山亭上人说你“塌鼻梁，无主张”，你这“塌鼻梁”倒是蛮有主张的。

钱谦益　哈哈哈，鼻子上哪有主张？（指胸介）主张在这里。

归　庄　这帖子真有这么要紧？

钱谦益　遮人耳目而已。膝下黄金白银都不要了，还惧一纸空文？

归　庄　（痛苦介）啊，苍天哪！

【中吕·千秋岁】

占高枝，
乌鹊尽风靡，
急吼吼噪声徒起。
我是雨打青萍，
雨打青萍，
声噪噪身漂漂差无根蒂。

（夹白）奈何？奈何？呀，人命关天，非为儿戏呀！

（接唱）青山倒谁与祭？
梧桐老凤尚栖？
忍辱负重事，
敢头顶“义”字偏出一奇。

（呼介）笔墨伺候。（书介、毕）

钱谦益　（取介）好，大丈夫我行我素，敢作敢为，何畏他人评头品足。玄恭，真君子也。

归　庄　你，想不到吧？

【尾声】　一番口舌三分计，
这一计过来不易，
（钱）他在发傻我得意。

［切光

（八）探　监

［第二天；县狱

［顾炎武（末）；钱谦益（外丑）；狱卒（杂）

［顾炎武面壁而啸：糊涂，糊涂，玄恭糊涂！

狱　卒　（上）别吼哉，归先生也是为了救你，不得已而为之，你却把他骂个狗血喷头，也是作孽。唉，亭林先生，你也真是个怪人。

顾炎武　糊涂，糊涂，玄恭糊涂，你酒精超标了？钱谦益为何等样人？投他门下，污吾颜面，辱吾祖宗。收回，收回，把那帖子收回，不然，我将告白于天下，揭乃卑劣。

狱　卒　晓得哉，归先生照你办，去退货哉。（下）

顾炎武　**【商调·山坡羊】**

没奈何冤家窄路，
被犬欺平阳落虎，
做遗民黄连苦茹，
但岂能与你同流合污？

钱谦益　（潜上听后）骂得好，梗骨之士，牧斋佩服。可惜呀，在人屋檐下，怎能不低头？

（接唱）大丈夫，
屈伸应自如。
水流千里有迂处；
大雁飞天也宿芦。
忧乎，
书生柔弱柳一株；
乐乎，
为官糊涂酒一壶。

老禁子，开门。

狱　卒　来了。（开门介、下）

钱谦益　（进门介）宁人，牧斋看你来了。

顾炎武　（背立介）多谢。你把门生帖子退给玄恭了？

钱谦益　何必当真呢？收你做门生不要滑天下之大稽？我对他说，我要当面退给你。你看，我不就来了？（掏出帖子）就这张纸文吧？请阅之，阅过把它撕了就是。

顾炎武　（收、阅、撕帖子）你这么做，居心何在？

钱谦益　救你呀。都过去了，不谈了。老禁子，上酒来。

［老禁子应声带桌上酒菜

顾炎武　（稍惊即逝、对墙上左右窥视、读介）“牢房重地，闲人莫入”，你怎的私带酒菜进来？

钱谦益　哈哈哈，想不到吧？这就是做官的好处。喝。

顾炎武　不客气了。（喝介）

钱谦益　那陆恩不是要告你“通海”吗？你当了官，他敢吗？

顾炎武　嗯，有点道理。

钱谦益　那你做官呀。做了官，可以免受牢狱之灾，免遭杀身之祸。

顾炎武　你是来做说客的？

钱谦益　不，我是来指点迷津的，这叫“曲线出狱”。

顾炎武　牧斋高见。可是，我母亲有遗嘱：不仕贰朝。你也是孝子，难不成叫吾当逆子？

钱谦益　不、不不，自古忠孝两难全呀。但要学会妥协，退一步，海阔天空。喝酒喝酒。（喝介；摸出一笺）宁人，昨夜无事，写了一首小令，请过目指教。

顾炎武　（接阅读介）一首《如梦令》：“月里胥楼灯漾，把酒遥谈纱帐。欲寄点香人，多少传奇心上。心上，心上，祛病驱虫粮饷。”好雅兴，发思古之幽情。

钱谦益　有点感触而已。

顾炎武　你是赞伍子胥呢还是悲伍子胥？或是自比伍子胥？赞也罢、悲也罢，自古有之；自比却万万不能呀，伍子胥是个大忠臣。

钱谦益　说的是。不过，伍子胥之忠有几个香客在心？都是求他助己。你听：

【黄钟·降黄龙】

伍子胥弃楚左吴，
功业空图，
遗香一炷。
更惜香客，

几晓相爷，
悬发之吁？
呜呼，
诚保自我，
祈丰祛病驱魔。
问东吴英雄多少？
却听塘水咽呜。

（呼介）冤乎？香烟即云雾；怨乎？白发悬城庐。

顾炎武　又是高见了。伍子胥悬门悲吴，高风亮节，彪炳史书。

【黄钟·黄龙衮】

民间祈子胥，
民间祈子胥，
可见名无虚。
贻福香人，
恩泽复甘露。
此情不解，
亏你饱览经著。

（夹白）呜呼，君不见锦绣东吴，英雄辈出如歌如诉，有几个像伍子胥普及草庐？

端午节，
赛龙舟，
请听朝天鼓。

钱谦益　宁人可嘉。不过，这杀人嘛，无论大明、大清，律法行使，都是个死罪呀。

顾炎武　陆恩小人，居心叵测，造谣谋害，有辜在前，吾乃惩治之，法不当刑。

钱谦益　你说杀“有辜”，人家说杀“无辜”，有口难辩呀。还是听我一言，“曲线出狱”吧。博学鸿儒科的大门敞开着，你顺民也做了，何不再做良臣？江山依旧，改姓换名而已。

顾炎武　不可，一字之差，玉石之别也。身虽无奈，志却不改。天下者，仁义为本；不仁不义者，何异于陆恩鼠辈？不足齿。

钱谦益　你又来了。“天下者，仁义为本”，妙论。记得三十年前，登苏州府学道山亭，听孔庙祭乐，你也是这般所言，可是，孔庙依旧，仁义何在？哈哈哈，口水之辞也。

顾炎武　不得玷污神圣！

钱谦益　神圣者，识时务者为俊杰。

顾炎武　哈哈哈，我笑也：人各有志也。

钱谦益　清高清高。既然如此，在下辞别了。（欲下）

顾炎武　请止步。

钱谦益　（讪笑介）嗯？

顾炎武　你为谦谦君子，须为人楷模，那首小令，吾想改它一字，可乎？

钱谦益　啊？噢，好呀，宁人一笔，必是点睛。（递词笺）

顾炎武　不必读笺了。词尾“祛病驱虫粮饷”一句，何不改成“祛病驱虫祈相”。“祛病驱虫”，“粮饷”自然会有之。“祈相”是少不得的。伍员还在造福百姓，百姓还是信任伍员，能辨忠佞了，可乎？

钱谦益　“忠佞”？此辞好生耳熟？

顾炎武　苏州府学道山亭上娄东张溥所言。

钱谦益　噢，正是。（怏然介）妙。（下）

顾炎武　**【尾声】**

我欲越窗守碧梧，
唯恐那沙尘迷糊，
多事之秋怎当垆？

［切光

（九）饯　行

［顺治十四年寒冬；千墩尚书桥转饯行场所

［顾炎武（末）；归庄（丑）；王氏（正旦）；挚友十余人

［人物造型：顾炎武背立尚书桥上

幕后唱　**【插曲·吴歌】**

顾园冷落兮茜草萎，
风霜相逼兮三十年，
意惆怅，情凄切，
家乡虽好无留恋。

顾炎武 **【越调·金焦叶】**

树寒水寒，
尚书桥书生气短。
振翮飞哀鸿境迁，
逆水行万里书卷。

（念）空怀社稷驾辕轩，又闻旧园万木残；走出铁窗何所去？亲朋故友指青天。顾炎武大难不死，上天予吾之责未完也。吾将行万里路上下探索，读万卷书古今贯通，也是壮志壮行。唉，离家别妻毕竟伤感，禁不住冷泪几滴。（拭泪介）

【仙吕入双调·销金帐】

朔风凛冽，
江上声呜咽。
望故居情丝牵，
蠡源公庭草训词耳唤，
嘱吾忧患。
鸡鸣残烛，
残烛伴吾圈点。
壮志空怀，
兵讼毁墙苑。
夫妻别离，
别离多愁少怨。

［正旦扮王氏悄然上

王　氏 **【前腔】**

别离聚散，
愁怨听归雁。
倚琐窗常期盼，
还是无眠无悔，
卿心奴愿。
想不到适才相聚，
相聚几许又散。
撩拨鬓丝，
寂寞西风乱。

夫君牵奴，

牵奴同舟结伴。

顾炎武　夫人，真是对不住。

王　氏　就一个“对不住”便可了结？（无奈摇头、怨嗟、拍打顾炎武介）

［翠娥娘携归正上，窥介

翠娥娘　噢哟，立在西风头里做啥价？

归　庄　要长亭接短亭了，不免有点留恋。

翠娥娘　留啥恋，一夜罗帐还留恋不够？要像奴，夜夜冷被头，不要留恋死了？

归　庄　翠娥娘，你不留恋也可以，叫个人来陪你。

翠娥娘　闭嘴，想吃奴豆腐？老了，吃不动了。（呼介）顾先生，开宴了。

［切光，转场；饯宴；宾主肃然

归　庄　今宁人北漂，虽有易水之景，却无荆轲之情，我等饯行不必肃然。来，且饮一杯。（众饮互敬，气氛欣然）易水寒，高渐离击筑；尚书浦寒，请出陶家班江南丝竹，为君送行。

［丝竹声响，歌女上场歌舞

【仙吕入双调·朝元歌】

天寒地寒，

水道江流远。

舟颠马颠，

陆路风尘乱。

难料颠簸，

望君自善。

可以残月晓风柳岸，

桥板霜染，

又能访陵吊古走关山。

但愿雁飞还，

长虹落日天，

炊烟又见；

万不要望乡愁断，

望乡愁断。

［歌舞毕，齐白：恭祝亭林先生一路顺风。

顾炎武　（作揖介）谢谢、谢谢。（激动而涕下；众歌女下）

归　庄　宁人，莫激动，好戏在后头呢。饮酒饮酒。（众饮互敬介）接下由本人宣读《送顾宁人北游序》："宁人之出也，其将为伍员之奔吴乎？范睢之入秦乎？今且登涉名山大川，历传列国，以广其志而大其声施……"

顾炎武　此乃壮吾行也。

归　庄　还有呢。（递文本介）给，自阅自读吧。

顾炎武　（读介）《为顾宁人征天下书籍启》。好啊，此乃荐吾行万里路读万卷书之函件也，甚好甚好。谢玄恭了。

归　庄　函尾签名者非吾一人，还有寿祺等二十一人也。

顾炎武　（一一拜谢）谢寿祺，谢任臣，谢圣章，谢寅旭，谢雪臣，谢诸位的厚爱。可惜太仓张溥不在人世了，不然，他定来送行。（又不禁泪下）

王　氏　夫君不必过于伤心。（转身拜介）谢谢诸君送行之情。再拜。（拜介）

【前腔】

长弦短弦，
箫笛缕缕暖。
长笺短笺，
序启声声善。
满座高朋，
神色缱绻，
贱妾心安礼赞。

顾炎武　（接唱）心连衣牵，
清清白白情谊绵。
风疾劲草间，
患难淑贤边，
寒风酒暖，
饯行罢驾舟漂远，
驾舟漂远。

有劳大家。告辞了。（作揖介）

［舟子驾舟上；顾炎武登舟；众作揖目送；舟渐远

王　氏　**【仙吕·鹧鸪天】**

望尽舟帆天地间，
一叶漂泊路漫漫。
多情送别千墩浦，
莫教夫婿忘乡关。

[切光

（十）北　漂

[顺治十四年以后；北方

[顾炎武（末转老生）；张尔岐（末）；傅青主（末）；熊赐履（丑）；徐乾学（生）；归庄（丑）

[顺治十五年；泰安登泰山

顾炎武　（策马上）

【双调·武陵花】

走过寒冬，
涉水跋山气从容。
扬鞭徐淮路，
雪后雨前桃红。
转眼草行露宿旷庐中，
天高云淡心潮涌。

前站就是泰安了，谒过岱庙登泰山去。（下马介）

[风起

顾炎武　好风呀！“好风生浩气，我白上云阶。”（不做引用）（登泰山玉皇顶）果然是“会当凌绝顶，一览众山小”。好气派好雄伟！（转思）古人云，登泰山“秦观者望见长安，吴观者望见会稽”。唉，吴山越水，毕竟是家乡呀。（泪下）

（接唱）乡关远，
思无穷，
多少往事在影踪。
（夹白）唉也，何须再提。
此时此去，
重立业须从容。

富贵功名脑边风，
脑边风，
吾素吾行实学中。
万里碧穹，
壮吾志气荡雄风。
许多苦衷，
决然淡去免迷蒙，
大丈夫一锤定音不是梦。

[切光转场一：济南街巷

[末扮张尔岐于街头演讲

顾炎武　（信步上、问一听者）谈论《仪礼》如此精彩！请问先生，乃为何人？

听　者　你真不知？

顾炎武　新来乍到，真不知。

听　者　《仪礼》专家、句读先生张尔岐，听清了没有？

张尔岐　哪位在喧哗？

顾炎武　尔岐先生，不怪他，在下顾炎武有幸了。（拜介）

张尔岐　噢，是昆山亭林先生，久仰久仰。（拜介）请屋里坐。（同进介）先生风尘仆仆，一路辛苦了。（对内）僮儿，上酒来，为亭林先生接风。（僮上酒，同饮，促膝交流介）

[幕后接唱

【前腔第二格】

与经师切磋情浓，
隐君子浊酒一杯"仪礼"躬。
莫逆知心交，
千种仰慕诗咏。

[切光换景二：烛光下，与博学隐士傅青主（号朱衣道人）谈史论道介

[幕后接唱

早跨青牛衣大红，
昏骑白鹿影无踪，
朱衣道人不臣贰朝习性同。

顾炎武　（念）春来见桃花，相随拾芝草；真是个太行之西一遗老也哉。

［切光换景三：酒宴

熊赐履　酒过三巡，不才开口了。

顾炎武　请讲。

熊赐履　亭林先生海内名儒，望你出山纂修《明史》，意下如何？

徐乾学　舅舅，朝廷抛开前嫌，真是用人。

熊赐履　亭林先生，有才不用，如衣锦夜行也。

顾炎武　衣锦夜行？谢了。果有此举，我便成了你的足下之履也。

熊赐履　啊？（观履）

顾炎武　或为粽。

熊赐履　啊？

顾炎武　不解？古有介之推之逃，抱木而死，木为木屐也；屈原投江之死，得端午之米粽。

熊赐履　明白了，先生以死不从。

顾炎武　明白就好，下不为例。（抱拳而下）

熊赐履　果然是个怪人。

徐乾学　罢了罢了。

［切光换景四：顾炎武独自烛下研墨秉笔

顾炎武　魏晋之士崇尚清谈，忘却了以仁为本之社稷之责，惜乎？（演示著作介）我的《天下郡国利病书》，实学之得；我的《日知录》呀，终身衣钵也。天降大任于斯人，必先劳其筋骨，苦其心志。吾行万里路，谒古陵，拓古碑；吾读万卷书，考志书，疏经本。（念）“苍龙日暮还行雨，老树春深更着花。”

（接唱）考订处，

深山曾“采铜”（随注：顾炎武语，借喻实地考察），

视那“博学鸿儒”一根葱。

（呼介）天下兴亡，匹夫有责！（展纸书写介；追光展示）

［切入梦境五：归庄幽魂飘然而至

归　庄　好个“天下兴亡，匹夫有责”，批清谈而得，清谈可耻；实践躬行而得，天下以仁为本；由苦难而得，苦难则明理。

顾炎武　知我者，归玄恭也。你，到底来了。别来无恙？

归　庄　好、好好，“一枪戳出穷鬼去，双钩搭进富神来”。讨杯水酒来了。

顾炎武　还是个酒疯子。（取酒介）喝、喝、喝。

[对饮介；继而转于户外，顾炎武拄杖移烛、归庄且行且饮介

归　庄　（接唱）生离如梦，
　　　　　　　　天地南北难相逢。
　　　　　　　　我是长笺短幅卧青松，
　　　　　　　　酒壶空，
　　　　　　　　清风明月伴秋蛩。

顾炎武　（接唱）梦非梦，
　　　　　　　　乌纱不爱爱苍穹，
　　　　　　　　花落花开做弟兄。

归　庄　（接唱）天马行空，
　　　　　　　　守信范公，

顾炎武　（接唱）实学躬耕忧乐中。

[闻鸡鸣

归　庄　呀，鸡鸣了，时辰到了，告辞了。

顾炎武　难得相逢，怎的急于告辞了？

归　庄　宁人，明日是寒食节，我是来讨杯水酒的，酒已饮了，该走了。（飘然而去）

顾炎武　（醒悟介）阴阳两隔？啊，悠悠苍天，此何人哉！

【尾声】　国破家亡遇仇讼，
　　　　　　知吾者唯有玄恭，
　　　　　　待得清明清酒一瓮敬酒翁。

[切光

（十一）余　曲

[当代、五月；昆山亭林公园琼花节

[顾炎武（末）；归庄（丑）

[亭林公园花团锦簇、歌女持琼花翩翩起舞

[烟雾袅袅中顾炎武执《日知录》、归庄执酒壶上

顾炎武　**【引子·南吕·恋春芳】**
　　　　　　　望断云山，
　　　　　　　仙游故地，

景观如画如卷。
娄水告辞桨帆，
索拉桥悬。
放眼亭林美苑，
耳自闻劲歌弦缱。
登马鞍，
俯瞰楼林，
流光溢彩通盘。

（念）穿过时空四百年，重游故地赏幽兰；桑田沧海听韶乐，不尽春风聚八仙。今朝是昆山琼花艺术节，听曲赏花，好是气畅。

归　庄　**【南吕·懒画眉】**

梦绕魂牵几多回，
山水亭林一体园。
那人塑像面朝南。
名言八字题璀璨，
浩荡春风着枝鲜。

（白）想不到家乡人如此亲亲尊贤，你的塑像三丈高。

顾炎武　惭愧惭愧。要数风流人物，还看今朝。

【前腔】

撩人景色艳阳天，
树上琼花笑墨翰。
昆山之路锦绣篇。
匹夫尽责匹夫暖，
从头越大好前程乐向前。

“空谈误国，实干兴邦。”家乡人如是也。

归　庄　“空谈误国，实干兴邦”，这八字好啊，与你那“天下兴亡，匹夫有责”一脉相承。家乡人适时响应，有灵气。

［传来袅袅昆曲之声；顾、归侧耳倾听

［切入情景：《牡丹亭》之杜丽娘（旦）翩翩而上：不到园林，怎知春色如许？

【仙吕小工·皂罗袍】

原来姹紫嫣红开遍，

似这般付与断井颓垣。
良辰美景奈何天，
赏心乐事谁家院！
朝飞暮卷，
云霞翠轩；
雨丝风片，
烟波画船，
锦屏人忒看韶光贱。（下）

顾炎武　呀，哪来的仙乐，如此曼妙？

归　庄　好听吗？那仙乐是昆曲，是从昆曲馆里飘来的。你也感兴趣了？

顾炎武　惭愧惭愧。

归　庄　无须惭愧。六百年昆曲水磨成，而今越磨越清纯，也是在“从头越”呀。大美昆曲，大好昆山。文化强市，也是良策。你也要改变观念，跟着潮流走。听说，京都有个大手笔要为你写大戏呢。

顾炎武　惭愧惭愧。

归　庄　当之无愧！说我奇，不奇；说你怪，不怪。走，去听听。

顾炎武　好也。

［两人飘然而下

［切光

（全剧终）

2016/7/14 完稿于玉山小桃园

歇马桥

根据昆山民间故事改编

[南宋；昆山千灯歇马桥

[梁红玉（武旦）；金兀术（净）；探哨及两军士卒（杂）

[武旦扮梁红玉扬鞭执戈上

梁红玉　**【仙吕·点绛唇】**

月瘦天苍，
马蹄跌宕。
堵金蛮，
受命布防，
“梁”字先锋将。

（念）曾是励兵击鼓黄天荡，得胜旗开字绣“梁”；巾帼须眉多少事，同仇敌忾美名扬。

（白）本将梁红玉是也。夫君韩帅驻军青龙江，昨夜金蛮兀术带兵偷营袭帐，哪知夫帅早有提防，叫他落得个逃窜仓皇。夫帅委奴西去布局，堵击穷寇，灭其狼狈，振我威望。

[对内：女兵们，按吾吩咐，立马布阵，不得有误。内应：遵命。圆场下

[净扮金兀术率杂扮兵卒仓皇上

金兀术　**【仙吕·混江龙】**

星消气丧，
偷营失利折兵将，
无奈偃旗息鼓，
掉首伏马落荒。

好个韩家军，又败我一仗，好不气恼，却又奈其何？探哨，前队为何迟慢了？

探　哨　（上）报，前遇江流阻隔。

金兀术　速速寻桥找渡，不得怠慢。

探　哨　得令。（下）

金兀术　（接唱）摆出威风军行急，
免遭韩军缠匆忙。
多说我野心狼子，
怎料得箭射天狼。
回头望得云烟长，
恐怕是追兵紧尘灰乱象，
我还须加一鞭纵马催缰。
探　哨　（复上）前方探有石桥一座，名曰响板桥；桥板能叮咚叮咚响。
金兀术　少得啰嗦，速速过桥。（探哨得令下；行介）
探　哨　（复上）报，桥上突现十八红巾红衣女兵。
金兀术　啊！空降伏兵？
[十八红巾红衣女兵执戈上
女兵甲　**【仙吕·油葫芦】**
金蛮子你偷袭不成逃何方？
还不是下马叩降。
金兀术　你等为何人？可是梁红玉？
女兵甲　阻你败军之将，何需梁红玉出马？
（接唱）你践踏大宋天地，
血泪斗难量；
天理在难容你嚣妄，
撒下了天罗与地网。
金兀术　哈哈哈，小小十八女流，竟敢阻吾过桥？还不乖乖让路。
女兵甲　（接唱）欲过桥请见铁戈亮，
问红巾飘忽小娇娘。
金兀术　（接唱）没见我邦仍威风，
军马一上桥身晃，
还不避开罢刀枪！
卒子们，夺桥！
[开打介；女兵英武杀敌，敌败；过后，一个呼哨下桥隐下
金兀术　哎呀呀，竟敢折吾兵卒，只能兴叹望江。
[过桥、圆场行介
探　哨　（上）报！前方又见一桥，巍峨十丈，江流湍急，桥挽古柏一株，

人称柏树桥。

金兀术　桥上可有守兵？

探　哨　无有。

金兀术　桥下可有伏兵？

探　哨　无有。

金兀术　江树可有机关？

探　哨　无有。

金兀术　三个“无有”，还不快快进军过桥？

探　哨　得令。（圆场行军介，下）

[十八红巾绿衣女兵弯弓登桥上

女兵乙　**【仙吕·天下乐】**

听将令登上桥头威武扬，

水来土防，

兵来将挡。

金兀术　呀，怎的又是十八女兵？

女兵乙　金蛮子，还不下马跪拜！

金兀术　呀，你可是梁红玉？

女兵乙　多谢抬举，老娘只是梁夫人手下弓箭手。

（接唱）莫说淡妆女娇样，

应见英姿飒爽，

都是百步穿杨。

你若把鞭扬，

落得个人坠马仰。

金兀术　大胆！（纵马介）

女兵乙　看箭。（射箭介；敌马应声而倒）

金兀术　（怒介）纵马冲桥！

[敌马冲介；女兵齐射介；敌马嘶鸣倒下介

众女兵　金蛮子，看老娘去也！（带兵下桥隐下）

金兀术　又折了兵马。好个梁红玉，设下伏兵，游击打法，疲我将士，不小的毒辣。哎呀，岂能这般说。过桥！（过桥介）

金兀术　（合前）

西撤既成莫惊慌，

不管你弯弓箭放，
还弄个身现影藏。
不过虚晃枪，
小小伎俩。

[圆场行介

探　哨　(上) 报，前方江湾处探得独木一桥，树遮竹掩，很是隐蔽。

金兀术　可有守兵？

探　哨　报，无有守兵。

金兀术　看桥。(圆场行介) 果然是一夫当关万夫莫过之桥。哈哈哈，梁红玉呀梁红玉，若在独木桥上驻得一兵，吾师完矣。还是个见识短。过桥！

[武旦扮梁红玉执戈立马而上

梁红玉　(念) 蝉鬓秀眉貌海棠，红纱铠甲柳腰藏；一声鹤唳云中落，立马桥头巾帼孃。(白) 梁红玉来也。金兀术，你等看清了。

金兀术　呀，你是梁红玉，怎的从天而降？

梁红玉　吾乃天兵天将也。

金兀术　天兵天将？你不要吓我，我可是吓不起了。这、这这这……

【仙吕·后庭花】

黄天荡，
你击鼓励兵将，
咚咚咚，铿铿锵；
好比那天上滚雷响，
叫三军血肉一路淌。
不提防今袭失马掌，
收拾起残兵和败将。
不料你巧周旋，
设桥仗，积小胜，
将我元气创。
小木桥立马挡，
狼牙棒碰上勾魂枪。

你是天兵天将？我可是吓不起了。

梁红玉　金蛮子，你休得摇唇鼓舌；大宋江山岂容践踏，还不快快下马受降！

【煞尾】

江山锦绣长，
何容狼烟莽，
踏故土铁蹄悍犷。
你侵占中原千里疆，
又扰江南鹿邑鱼米乡；
你偷营不着逃仓皇，
桥头上几败狼狈相。
还不见独桥水激亢，
还不闻竹林叶战响，
惹天怒杀声咽断送阎王。

［振鬣舞枪介

（大喝）金蛮子，敢来夺吾小桥！

金兀术　（退却介）哎呀呀，天意难犯，不可惫之又惫、败之又败。罢，休得劳师作一桥之争了。咿呀呀，传令，抄路退兵。（下）

梁红玉　这蛮子，早已闻风丧胆，奴的马一歇，便无斗志。夫帅有令，穷寇勿追，且饶他一命。

女中豪杰勒鞍缰，一喝吓跑蛮敌狂；
歇马桥名从此出，乡人传说百年长。

2015年8月11日夜写于玉山小桃园